兒童在畫人測驗的投射評量

作者◎朱錦鳳

目錄
Contents

自序／iv

導言／vi

1 兒童的畫人測驗／001

一、兒童畫人測驗的起源／002

二、畫人是兒童自發性的繪畫主題／003

三、畫人測驗在智力的評量／004

四、兒童畫人的投射應用／005

五、畫人測驗的施測方式／005

六、兒童畫人測驗的信度／007

七、兒童畫人測驗的效度／007

八、兒童畫人解釋的注意事項／008

2 兒童畫人的評量理論／011

一、可解釋小學兒童的智力／012

二、可解釋兒童的認知發展／012

三、可投射兒童的社會成熟度、不受繪畫天分影響／013

四、畫人測驗與學業成績無關／014

五、因性別差異而有不同的解釋標準／015

六、隨年級增加而有不同的解釋標準／016

七、注意文化的差異／016
八、解釋兒童的人格投射／017
九、可透露異常的情緒／017

3 兒童畫人測驗的整體解釋／019

一、五大整體項目／021
二、身體細節項目／024
三、其他繪畫特色及情緒困擾指標／028

4 兒童年級常模的畫人解釋／033

一、幼兒園小班兒童的畫人範例／035
二、幼兒園中班兒童的畫人範例／046
三、幼兒園大班兒童的畫人範例／057
四、小學一年級兒童的畫人範例／068
五、小學二年級兒童的畫人範例／089
六、小學三年級兒童的畫人範例／110
七、小學四年級兒童的畫人範例／131
八、小學五年級兒童的畫人範例／152
九、小學六年級兒童的畫人範例／173

5 情緒困擾兒童的畫人解釋／195

一、過動兒童的畫人範例／199
二、攻擊性兒童的畫人範例／210
三、人際困擾兒童的畫人範例／221
四、兩性發展早熟兒童的畫人範例／229
五、憂鬱兒童的畫人範例／236

六、情緒障礙兒童的畫人範例／241
七、隨便畫兒童的畫人範例／247
八、發展遲緩兒童的畫人範例／251
九、自閉症兒童的畫人範例／257

參考文獻／267

自序
Preface

學生從入學開始就會經歷各種考試和測驗，大多數學校的考試又稱為學業成就測驗，主要目的在瞭解學生的學習成效，屬於精熟測驗的一種。除了學校考試外，針對學生輔導用的心理測驗更應是當前教育須重視的一環，尤其針對學生的全人教育，如潛能開發、職業探索、人格型塑、態度養成、社會適應、生活調適、情緒管理等學生輔導，甚至針對特殊狀況的學童，如情緒問題、學習障礙、人際困擾、專注力不足、過動、發展遲緩等，若無法妥善處理及時輔導或重視，將會引發學生學習成效更大的阻礙。因此，作者長期致力於心理測驗的發展，期望能對未來學生輔導教育發揮更大的效用。

心理測驗的種類非常多，除大家耳熟能詳的智力測驗、性向測驗、職業測驗、人格測驗外，投射測驗是大家較少接觸的一種。投射測驗的種類又分墨漬刺激、看圖說故事、繪畫、語句完成等。投射測驗有別於其他傳統測驗，主要是以非結構的刺激形式，以作答反應為中心主體計分，評量受試者的潛意識內在需求，可有效防止作假或偽善的情況。本書旨在介紹一種國外普遍使用、以繪畫為主的投射測驗——畫人測驗。繪畫性的投射測驗除畫人測驗外，房樹人測驗亦是另一個選擇。

作者研究畫人測驗已近十年之久，受測對象從幼童到年長者都有，但主要仍以一般正常人為訴求，至今已累積數千人次。由於本身有兩個小孩，所以對兒童的畫人也投入相當多的時間，為了更深入瞭解兒童的繪畫發展，我幾乎每年都要求自己的兩個孩子施測畫人測驗。研究過程的確有幫助我瞭解他們的成長狀態，並適時調整親子教養及對孩子們的期望。當然，同時更確定了畫人測驗對兒童的功能與價值。作者也常幫助許多學童的父母或老師，運用畫人測驗更深入瞭解他們的孩子或學生，其天分、個性、內心狀態等。

寫這本書除了讓我的學生或好奇的家長、老師，在接觸畫人測驗時有一本教材可以參考外，也希望藉此對學生輔導達到拋磚引玉的效果，使國內有更多人投入畫人測驗的研究，並能將它實際應用於家庭、教育、學校輔導方面，使更多人受益。

本書付梓得力於許多人的參與和協助，除了要謝謝許多同意接受施測的兒童及其導師或家長外，也謝謝多位對畫人測驗積極投入研究的心理系專題學生。本書雖經校稿多次，謬誤恐在所難免，尚祈專家先進不吝指正。

導言
Introduction

繪畫可以描繪人類的思想

繪畫是人類最早表達思想的方式，四、五千年以前，人類開始以繪圖表達事物或紀事，其後演變發展成為文字。古代西亞、埃及、中國和印度都用圖像和符號描繪自己所處的環境或記錄各種活動。象形文字是古文明重要的發明，象形文字就是一種圖形演變成符號再演變成文字，藉以表示其所代表的意義。古文明許多文字陸續被解譯出來，主要緣故是古代文字的構成是圖像或圖像演變成的符號。

圖畫中有人類潛藏的思想

人類小時候成長過程都經過塗鴉階段，研判屬靈長類動物且最有智慧的人類，從小就想用圖畫作表達或發抒內心潛藏的思想。Oster 和 Gould（1987）指出人類是先學會繪畫然後才會書寫。歷來一般人欣賞畫作多半喜歡那種視覺的美感，研究者則喜歡探究作畫者想要表現的意境或意義，也就是作畫者投射的內心世界。

兒童的塗鴉是從毫無章法、潦草、不規則的線條開始，其實他們會從簡單的線條漸漸發展成畫出大家看得懂的線條、形狀或圖畫。這是兒童將認知的事物化為一種意象的表現，或許對兒童本身而言，那些塗鴉是具有意義的，只是大人們不瞭解而已。

對特殊狀況的孩子來說，繪畫更是一種與外界溝通的橋樑。其實不論繪畫能力好或不好，孩子卻經常表示最喜愛繪畫，因為繪畫可以紓解孩子的情緒，表達其內心的世界，尤其對語言溝通有困難的孩子，更可透過其繪畫的呈現，去發現其內在需求、潛藏思想，或學習的體驗與結果。

本書兒童畫人測驗的解讀主要是以作者長期的實務經驗及研究成果為依據，雖然許多發現與國外其他臨床心理專家的研究成果不謀而合，但作者仍非常期待將目前國外普遍應用在臨床個案的畫人測驗，擴大運用在國內一般正常學童的全人發展之輔導層面，以加強學校教師學生輔導及家長親子關係和諧之功能。

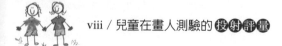

1

兒童的畫人測驗

一 兒童畫人測驗的起源

兒童繪畫的心理學研究在 19 世紀蓬勃發展，依不同訴求可劃分成幾個時期。最早期的探索是在 1885 年到 1920 年之間，1890 年至 1910 年則是全盛時期，美國自此湧現大量的文獻，此時期 Cyril Burt（1921）所出版的文獻建立了兒童繪畫的發展方針，也孕育出良好且具有心理感知考量的發展階段。這時期尚少有認真嘗試建立繪畫行為的理論，有幾個失敗案例是嘗試使用所謂原始的心靈去衡量兒童的內心世界，但到了該世紀末則因簡單化的社會進化概念而有所覺醒。

Goodenough 於 1926 年成功地證實了在兒童繪畫裡含有他們的智力成分。自此，兒童繪畫的研究導向了新的方向。因此，Goodenough 是最早將畫人應用於心理測驗的始祖，並建置了評量智力的常模。從大量的文獻可以看出自 1940 年延續到現在，畫人測驗在美國、英國和日本一直被普遍使用及探索，甚至印度和南美也廣泛地探索 Goodenough 的智力評量。在教育上，方便的畫人測驗是一個很好的非語文智力的替代評量工具，尤其對許多不識字的兒童更是非常需要。

自 20 世紀初期開始對兒童繪圖的實驗性研究，雖然結果都很有前瞻性，但並沒有吸引太多學者投入。到了 1930 年及 1940 年，心理學家以理論與實驗的方向去探索，激發了對感知過程極大的興趣，尤其是 1963 年，Dale B. Harris 認為心理學提供了一個基礎去觀察兒童繪畫的現象，並對智力試圖做更精準的評量。

1940 年到 1955 年由於投射技術的問世，再度啟發畫人測驗的新趨勢，特別是美洲地區有諸多研究擴展開來，此時期 Goodenough 也投入用畫人測驗解讀人格方面的研究，包括關於性別角色概念的研究。許多研究者甚至假設畫人測驗所透露的細節，與自我調整機制之間具有密切關係。

雖然投射技術的畫人測驗，最基本的假設是受試者畫出的是自我形象，但後來研究者發現，受試者畫出來的人形並不是所謂客觀現實的人像，而是反映他知覺到的潛意識。例如，當受試者畫出性別特徵時，反映的並不是對性別認同的能力，而是對性別認同的知覺和注意。又例如，受試者先畫出來的性別角色不一定代表著他自己的性別形象，或是喜歡成為的性別角色，而是代表他注意或重視這個性別的程度。因此，兒童的畫人表現與我們在現實世界裡所看到的具體形象是有所差異的。

兒童透過符號的方式來表達邏輯，以及表達他的理解和概念，是兒童隨著年齡增長而產生的一種表達方式。換言之，以具像方式來呈現外界形象是國小兒童階段會呈現的方式，但隨著年齡增長到青春期以後，他們對人物形象的表達已漸趨抽象，會用符號的方式表達內心的意涵。因此，當畫人測驗用作投射技術時，我們更期望主試者或解釋者能著重在受試者質化的評量，而非單純量化的評量。我們希望從兒童畫人的質化評量更瞭解他們的人格特質以及內心需求。

二 畫人是兒童自發性的繪畫主題

Piaget（1950, 1953）認為繪圖測驗主要是評量兒童形成概念的能力。人對兒童來說，在情感及認知上都非常重要。兒童對人的概念，與其成長過程中所經驗過的累積有最直接的關係。具體人物的概念無疑是因年齡而經歷相當縝密的變化而產生的。

早期的文獻指出兒童對畫人是有偏好的（Ballard, 1912; Lukens, 1896; Luquet, 1913; Maitland, 1895），雖然兒童也常畫「大自然的東西」或「建築物」。McCarty（1924）發現約有 5%到 10%的孩童畫房子、樹、家具、船、交通工具、蓋房子的零件以及動物，但 Hurlock（1943）的研究獲悉畫人是兒童最喜歡的題材，Pikunas 與 Carberry（1961）的研究也認同這點。

大部分一般正常兒童的確都喜歡畫人，但有時也不必然如此，許多情緒不安或神經障礙的兒童對自己薄弱的繪畫能力及畫人十分抗拒。

三 畫人測驗在智力的評量

當智力的評量落實於心理測驗，最後以轉換為單一的 IQ 分數做代表時，都被認為智力可能與學校裡的學業表現有密切關係。換言之，目前傳統智力測驗所測得的 IQ，可能是偏重學習的認知能力。而 Bayley（1957）和 Piaget（1950, 1953）同時對智力都提出了另一個觀點。他們認為感覺動作的發展是人類智力最主要的基本元素，因此，Bayley 提出二歲前嬰幼兒的感覺動作發展，會對他們未來的智力影響深遠；同樣地，Piaget 也提出二歲以前是人類發展的感覺動作期。Piaget 認為二歲以後到五、六歲的兒童開始發展語文能力，在這個階段兒童也開始對物體的具像產生概念，從五、六歲到十、十一歲是兒童對具像物體及現實世界形成概念的階段，而十一、二歲到十五歲會開始將具像概念應用在現實社會中，形成解決問題的能力，而且繼續將這種能力發展成邏輯及抽象思考的概念，這與畫人測驗的主要評量架構不謀而合。

畫人測驗就是從手部感覺動作的發展，延伸到對自身人物產生具體形象，並將其表現在紙張上，甚至以繪畫線條的表徵，反映內心需求及對外界社會環境的價值。畫人測驗甚至能評量到傳統智力測驗所不能涵蓋的元素，如社會成熟度、人格特質、適應能力、情緒狀態等多元方面的能力，而這些似乎更能詮釋人類的整體智能。Harris（1963）曾發現，越聰明的兒童在繪畫上能呈現越多細節，因此，繪畫可反映一個人的智能發展，亦能對外界事物的知覺程度做最直接的表現。

Goodenough 發現隨著年齡的增長，受試者在畫人測驗的表現方式（例如，同樣是表現臉部五官：眼睛、鼻子、嘴巴）也開始變得成熟許多。她發現畫人測驗以其量化計分系統所得到的 IQ 分數的確隨著年齡增長而增加，這個結論與傳統智力測驗所得到的結果相符合。兒童隨著年齡的增長，在繪畫方面的表現能力更趨成熟，因此他們能畫出更多細節。

四 兒童畫人的投射應用

畫人測驗除了應用在測量 IQ 外，後續許多學者也將其應用在臨床投射的應用。畫人測驗當成投射技術使用時，是一種受試者如何操作安排且透過繪畫工具將人物呈現在紙上的一種過程。Lowenfeld（1952）曾提出兒童的畫人，表現的不僅是外表的形象，其實也反映兒童的渴望、感覺、信念或對外界的想像。例如，人物的大小可能反映的不只是人物知覺的絕對大小，它可能代表著對人的價值。因此，Buhler 和他的研究團隊（1952）建議，畫人測驗其實可以讓學校老師更瞭解兒童的人格特質，以及透過畫人測驗可以充分瞭解兒童的學習動機，進而間接瞭解他們對知識的需求。但他仍然提醒對兒童繪畫的解讀不應該完全以具像式的表現來解釋，有時候兒童的繪畫也表現抽象的含意。

畫人測驗可以作為發覺潛意識的通道，也可以作為診斷的技術，不過心理學家對潛意識的投射解讀分成兩派，一派心理學家在投射測驗上的觀點認為：畫畫是可以將非語言的情感狀況投射出來，而過程是在畫畫的處理及安排建構的時候被呈現出來；施測者給予受試者利用鉛筆及圖紙進行畫人，並觀察他們創作的過程。另一學派的看法則認為：畫畫是受試者將自我（ego）或是對自己的印象（self-image）透過繪畫投射出來。

五 畫人測驗的施測方式

Goodenough 的畫人測驗指導語為「畫一個男生，畫一個女生以及畫一個自己」。Koppitz（1968）則強調兒童畫人測驗的施測是由施測者當面要求兒童畫一個「完整」的人，也就是兒童與心理學家之間的溝通所產生的一種形式，這與兒童獨自繪畫或與其朋友一起繪畫時自然而然所作的畫不同。依據 Kellogg（1959）的觀察，兒童的繪畫會隨著他的年齡和成熟度而改變；他的繪畫風格反映出他的態度和那段時間所關心的重要事項。

畫人測驗可以團體施測也可以個別施測，當然，個別施測是最佳的方式，因為施測者可以仔細觀察兒童作畫時的行為反應，也可以提問關於作畫的相關問題。根據作者過去經驗，個別施測可以使他們的畫人更豐富，因而透露出更多訊息。不過，從學校團體輔導的角度而言，團體施測可以快速瞭解並篩選出需要被個別輔導的學生，因此很適合用於學校全面性之普測，以便快速篩檢出須主動關懷的個案使用。

施測的標準化過程對心理測驗的信、效度有絕對的影響。一致的指導語有助於心理測驗的標準化過程。本書整體解釋之畫人測驗，其施測方式如下：

首先請受試者清乾淨桌上的雜物，接著主試者發給受試者一張印有施測同意章之A4白紙、一枝HB鉛筆，和一個橡皮擦（擦淨效果佳的）。接著請受試者填寫基本資料，姓名、性別及年級為必填項目，因為性別和年級會影響畫人測驗解釋的標準。當獲得受試學童施測之同意勾選後，請照著下列指導語說：

「這裡有一張白紙，你可以拿橫的也可以拿直的，現在請你在這張紙上畫一個男生和畫一個女生，可以先畫男生也可以先畫女生，盡量從頭畫到腳，畫好一點，沒有時間限制。」

若為團體施測請加註施測時間及施測過程中任何相關的行為紀錄，例如，受試者的焦慮、猶豫、衝動、防衛、抗拒的程度，或異常行為等。

畫人測驗沒有時間限制，大多數的兒童可以在十分鐘內完成，也有些兒童在一、兩分鐘內就畫完，對於一些要求完美或有情緒困擾的兒童，可能要花 30 分鐘或更長的時間才能畫完。進行兒童畫人測驗時，主試者應給予充分自由隨其所好。例如，若受試者問：「我可以畫其他的東西嗎？」主試者應回答：「除了一男一女外，如果你很想要再畫其他東西也可以。」

六 兒童畫人測驗的信度

作者發現畫人測驗會隨著個體的人格特質及情緒改變而產生變化，因此，一個人在畫人測驗的穩定與否亦可反映其個性或情緒的穩定性。由於兒童仍在發展階段，許多特質或能力仍在變化中，情緒起伏也比較直接且隨性，因而兒童的畫人測驗一致性的確比成人較低。作者建議，單一次的兒童畫人測驗結果不要太過於預測其人格特質。

七 兒童畫人測驗的效度

畫人測驗是投射測驗的一種，可投射受試者潛意識的需求，屬於心理學的觀點。然而，生理學的研究也曾經發現人類大腦的不同細微部位可能掌控一個人繪畫或直或彎曲的線條，因此每一個人描繪人形的方式及模樣可能都與我們的大腦構造有關。好比說在美術教室裡，所有學生同時看著一個模特兒或一個人像雕塑模型素描，結果每一個人所表現出來的結果總是大異其趣（排除繪畫技巧及主、客觀因素）。無論如何，畫人測驗經信、效度檢驗後，發現不僅可預測兒童的認知智能及社會成熟度，更能預測一般人的人格特質、社會適應、職業潛能、情緒狀態等。

有些研究也發現有情緒困擾的兒童經常畫出奇怪或與一般正常兒童畫出的人物圖形不一樣，因此，畫人測驗也可以被當作臨床診斷的工具使用。當畫人測驗當成臨床診斷工具使用時，兒童繪畫在人格特質的表現就開始受到重視。有些學者仍然強調，要去解讀兒童在畫人測驗所表現出來的人格特質，仍然要看研究者怎麼去探索這個問題。與個案進行互動時，將畫人測驗當作臨床診斷工具應該是最好的方法。例如，問兒童：「你畫的是什麼？」或者問：「告訴我，你在畫什麼？」或者是：「它可以是什麼？」像這樣提問的方法有助於瞭解個案究竟想表達的意念，唯有這種以表達他們情緒過程的概念方式，才可以變成一個診斷情緒的評量工具，否則兒童的畫人測驗可能只是暫時表現出來的一種不穩定狀態。

許多教育者更認為，畫人測驗對教育輔導而言是一個非常有價值的工具，如果我們從過程和產物去和兒童做互動探討，並討論發生的過程，對教師來說都會更瞭解兒童的需求。

八　兒童畫人解釋的注意事項

繪畫畢竟是兒童最自然的表達方式之一，人們可從兒童描繪的圖形，勾勒出他們對外界的態度和知覺。分析兒童的畫人測驗必須重視以下幾個原則：

1. 無論他們畫誰，重要的是他們如何呈現這些人物。
2. 他們選擇畫出的對象就是他們最重視、關心的人。
3. 畫人測驗呈現出來的人物，可能在投射他們自己對外界真實的態度、衝突或他們夢想成為的形象。
4. 不妄斷解釋、不過分推論，盡量以提問、互動的方式再確認，尤其針對負面的解釋必須謹慎保守。

此外，Koppitz（1968）也針對將畫人測驗當作投射測驗在應用於評估兒童的人格特質時，所作的一些結論提供給解釋者參考：

1. 兒童畫人測驗可以表達受試者的情緒狀態以及情感，但卻不能表現語文能力的部分。
2. 很少研究證明顯示，兒童畫人測驗可以直接表現他們的自我形象。
3. 兒童畫人測驗經常是以代表性的方式來呈現事實。
4. 同一種繪畫的表現，可能隱含著多元化的意義，任何特定的畫法都不應該做單一且武斷的結論。
5. 畫人測驗在評估兒童人格特質方面似乎沒有得到一致性的結論，因此，當畫人測驗應用在兒童人格特質的評量時，它的結果不夠穩定，可能得到偏低的信、效度。事實上，當畫人測驗用來評估兒童的智力 IQ 時，它的變異性也比《魏氏兒童智力量表》大，因此，也不建議用畫人測驗來測量兒童的精確 IQ。

2

兒童畫人的評量理論

一 可解釋小學兒童的智力

Goodenough 曾將畫人測驗評估 IQ 的量化計分結果與其他智力測驗如《魏氏兒童智力量表》做相關分析，發現畫人測驗的確可以評估一般兒童的智能，主要著重於畫人測驗之人形呈現的比例及各部位呈現的細節。因此，畫人測驗早期當作非語文智力測驗使用，主要提供給有語言障礙或泛文化的兒童使用。但如果兒童伴隨了適應困難或情緒障礙時，他們在畫人測驗所得到的 IQ 表現就會被低估。因此，在此仍然要提醒，將畫人測驗用於區辨兒童是否為智能不足，要比去評估他們的 IQ 分數更有意義。Goodenough 認為畫人測驗除了能測量兒童智能外，似乎還可以測到其他如人格特質或某些臨床心理病症，以及兒童對外界社會互動的表達。近代許多學者甚至對畫人測驗能測量到的廣度做了更多的探索，例如，對性別角色的認同，以及對身體形象的概念評量等。

應用本書的畫人測驗整體性解釋，可快速篩選智能不足或初略評量智能程度（例如，優、良、普通、差、劣）的小學生，但對其 IQ 的精確判斷仍持保留態度。畢竟，若以全人發展及學生輔導為主要訴求，智能程度僅供參考即可，最重要的仍是評估其社會適應、人際互動及情緒穩定的綜合狀況。針對快速判斷小學生的智能程度，首先要掌握各年級一般學童的正常繪畫能力及表現的整體標準，詳圖請見第三章的各年級常模，若受試者畫得比同年級學童之平均水準比例更好，則表示智能為優良，反之則為智能差劣。

二 可解釋兒童的認知發展

兒童的潛能只有在發展後才能被評估出來，這裡所說的發展是指隨著時間，來自成長的激發與特殊的學習經驗所產生對事物的反應，進而越加豐富。

Burt（1921）認為畫畫是一種自我發覺（self-revelation）的模式，可以運用在言語與書寫能力缺乏的環境下。由於畫圖並非語文或數理，因此它可以幫助兒童發揮想像力與建構能力。以下是 Burt 針對兒童繪畫能力整理的發展階段：

1. 塗鴉式（scribble）的繪畫（二至三歲）。
2. 線條式（line）的繪畫（四歲）。
3. 描述式（descriptive symbolism ）的繪畫（五至六歲）。
4. 具像式（realism）的繪畫（七至九或十歲）。
5. 視覺上（visual realism）二度和三度空間的繪畫（十至十一）。
6. 抽象式（repression）的繪畫（發育前期，十一至十四歲）將一些表面的東西壓抑起來，而以其他代表性的特徵來反映他們的情緒衝突，甚至會畫出一些自我的價值及評論。
7. 美感式（artistic revival）的繪畫（早期的青少年所畫，很多兒童從來都沒有達到這個階段）表現出一些藝術、美麗、活潑的線條。

有些研究者認為這些階段是方便研究者描述出不同階段兒童的繪圖特徵，它們是連貫的，而不是間斷性的。兒童在繪畫的發展直接反映了他們大腦的發展成熟度，當然也間接反映了他們的認知發展成熟度，與智能和學習有關。

三 可投射兒童的社會成熟度、不受繪畫天分影響

Koppitz 曾對 179 位幼兒園學童做畫人測驗，發現這些學童在學期末的人物繪畫都有顯著進步，主要是因為社會成熟度的發展而非學習訓練而產

生的。Koppitz 的研究亦發現，兒童有畫人的能力是因為他們擁有良好的視覺運動知覺和極佳的精細動作協調，與美術能力未必相關。因此，Koppitz 指出，兒童畫人測驗的表現：(1)主要與年齡和社會成熟度有關；(2)不受在學校的學習所影響；(3)不受兒童的繪畫天分影響。

兒童畫人測驗的評分不應從特定的智商能力著手。目前畫人測驗的計分系統對測量一般兒童的智力是有效的，然而，還是有些例外。過去研究發現，兒童智力測驗的分數在平均水準以上，但其畫人測驗分數卻在平均分數以下者，多半有嚴重的情緒障礙和人格問題。若再進一步探索這些兒童的畫人測驗，確實發現他們有欠缺社會成熟度之狀況，但卻不會在他的智商水準上表現出來。

四 畫人測驗與學業成績無關

兒童的情緒指標與學校的學業表現並沒有直接的關聯性，通常學業成績好的兒童畫得比有情緒問題的兒童好，例如，整體比例、有嘴巴、有完整的身體等。而畫出傾斜人物、簡化體型或整體比例差的兒童，其學業成績表現較差。

Koppitz 指出，兒童畫人測驗的表現主要與年齡和社會成熟度有關，不受在校學習所影響，也不受兒童的繪畫天分影響。根據作者長期的實務經驗也認為，畫人測驗無論依據測量 IQ 的量化計分系統或依據評估情緒困擾的整體指標性解釋系統，其分數結果都無法直接反映個體的在學表現，尤其是針對伴隨情緒困擾的優秀學童，更要注意容易產生誤判的情況。作者曾嘗試探討各系前三名之大學生的畫人測驗表現，也發現畫人測驗無法準確預測其學業表現。

五 因性別差異而有不同的解釋標準

男、女生在人物描繪的差異很難判斷是因為生理或環境影響所致。Goodenough 發現青春期的孩子在描繪男女不同性別人物時表現出明顯的差異，因此計分系統也針對男、女不同性別而發展出不同的計分標準。一般而言，女生的繪畫細節表現得比男生更細緻，因此，若以一般的量化計分方式，女生在畫人測驗所得到的 IQ 分數普遍會高於男生，這個結論與傳統智力理論相左。傳統智力測驗並沒有發現女生的智力比男生高，然而在畫人測驗卻發現女生的分數比男生高，因為女生的繪畫表現更精緻且更多細節，因此必須假設，畫人測驗除了測量兒童的整體智能表現外，似乎還測到其他部分，如社會成熟度、觀察敏銳度、與人互動的細緻程度等。女生的確在小學階段的社會成熟度比男生早熟，而且更傾向符合社會規範，和更順從地處理與社會互動的關係，因此，從這個角度來看，畫人測驗的確比傳統其他智力測驗能測出更多的元素。

依據 Goodenough（1926）、Harris（1963）與 Machover（1949）的觀察發現，小學一年級女孩的畫人遠優於男孩的畫人，並指出這種性別上的差距會隨著年齡的增長而逐漸消失，到了八、九歲的時候，男孩畫人就趕上女孩，甚至在品質和細節上會超越女孩。

女孩描繪的人物傾向於反映她們所感興趣的服飾和裝扮，而男孩往往被期待去從事運動和體能活動，因此，男孩畫人會出現較多與體能活動有關的表現。又如，男孩畫人傾向留短髮、露耳朵，而女孩畫人就十分重視頭髮，傾向忽略耳朵。在五歲以前，男、女孩似乎很少能做出明顯的區別。

六 隨年級增加而有不同的解釋標準

兒童繪畫的細節主要與年紀和社會成熟度有關，而與在校成績無關。雖然人物描繪的發展肯定與年齡增長有關，但同時顯然也與個人價值觀和行為態度有關。有關小學生各年級的繪畫發展差異，請參見第三章的各年級常模。

七 注意文化的差異

畫人測驗除了可以測到兒童的認知能力或 IQ 智能之外，還能測到許多文化影響下的產物。兒童畫人會因性別而有差異，就是一個明顯的證明。雖然大部分的研究發現，女生傾向畫得比男生好，但仍有少數研究發現並沒有性別差異。例如，研究曾發現印地安人和愛斯基摩人的女生並沒有顯著畫得比男生好，但是在許多文明地區，如美國、歐洲、亞洲、日本以及其他國家，卻發現女生畫得比男生好。如果我們再深入觀察細節的部分，大部分的學者同意女生在眼部、頭髮、嘴唇或服飾的確畫得比較精緻，但男生在鼻子、手臂、腳部畫得比女生好。女生也會在珠寶、裝飾、服飾上的修飾比男生多，對頸部的線條和腰部的線條也比較強調，但男生在描繪女生的腳部時會有更多樣化的表現。

McCarty（1924）就提出畫人測驗女生畫得比男生好，尤其在細部精緻地描繪會特別好，但男生在整體線條的比例可能會比女生好，推測這可能是男生在空間上的智能比女生好的緣故。然而即使這些文化因素會影響兒童在畫人測驗的外觀表現，但 Goodenough 仍然強調這些差異都不至於影響畫人測驗的智能 IQ 結果。因此，Goodenough 覺得畫人測驗可以做跨文化的智力評量使用。

八 解釋兒童的人格投射

當我們將畫人測驗用於評量兒童的人格特質時，所得到的結果並不十分穩定。通常兒童在畫人時，會畫出較熟悉的卡通人物，因此，兒童的畫人是否精確地投射他們自我的部分，可能還需要更深入的探討。如果兒童畫出來的人物反映的是周遭其他人的形象，那麼，以畫人測驗的結果來推論他們投射的人格特質，並不十分恰當。當兒童隨著年齡的增長而人格特質漸趨穩定時，從畫人測驗投射潛意識的假設可能會更趨穩定。換言之，兒童畫人測驗在整體評量時，應該著重在兒童與外界互動的關係呈現，以及他們的內心需求及人際處理，這會對其學習、成長的輔導更具意義。

九 可透露異常的情緒

England（1943）曾對圖畫性的表達是否能投射人們複雜的知覺和情緒做深入的探討。他針對十四歲的兒童團體在害怕情緒的表達方面做了探索，發現 27%的兒童將他們害怕的情緒表現在圖畫中。因此，Goodenough 特別強調，當利用畫人測驗來評估兒童的人格特質或情緒狀態時，不應該再以有無出現某些特徵的量化方式計分，而應該做質性的探討。

解釋兒童畫人測驗時要特別強調一個觀念，就是有情緒問題的兒童可能畫出一個或多個情緒方面的指標，但畫出情緒指標的人也不必然一定有情緒問題。舉例而言，害羞的孩子可能會畫出小的圖形，但也並非所有害羞的兒童都會畫出小圖形，或者並非畫出小圖形的兒童一定意味著害羞。換言之，當兒童畫出越多情緒指標時，反映有情緒問題的可能機率就越大。

Koppitz 指出有些畫人的特徵投射了兒童特別的情緒。例如，攻擊可能反映了衝動、挫折或憤怒的特質，而害羞、退縮的孩子可能反映缺乏自信的特質。害羞的孩子可能比較少衝動，但他可能比較容易焦慮或自卑。Koppitz認為具攻擊性的小孩會傾向畫出不對稱的手臂出現牙齒、長手臂、大手掌的比例遠高過那些害羞的孩子。而害羞的孩子傾向畫出較小的圖形、截斷手的人物、漏畫鼻子或漏畫嘴巴。

研究也發現有腦傷的兒童在人形及四肢比例的呈現特別差；陰影則是情緒問題的一個特徵指標。兒童的情緒指標與他們在學校的學業表現並沒有直接的關聯性，不過，通常學業成績好的兒童畫人整體比例較佳、有嘴巴及完整的身體等；而畫出傾斜的人物、簡化或漏畫的體型，和整體比例較差的人形，經常出現在學業表現較差的兒童。

3

兒童畫人測驗的整體解釋

畫人的解讀所掌握的技巧，除了融會各個學者專家所研究歸納的主要特徵所代表的意義以外，尚須根據實務經驗所領會、實證出的結論去判讀解析，不過每個人所畫的圖形不能只觀察其中一部分，必須綜合各方面來解析，才能符合受試者的實際狀況。

本書畫人的解讀主要是依據作者發展的整體解釋系統而得。整體解釋包含五大整體項目、身體細節項目、其他繪畫特色及情緒困擾指標等部分。

引導受試者畫人時，有些人很隨性，有些人可能會猶豫或自我壓抑。在自然的情境下由受試者願意呈現自我而作畫是最為理想的，協助受試者放鬆心境常常也是一種很好的做法。

一 五大整體項目

畫人測驗整體解釋之五大項目	
五大項目	解釋
圖形大小	大：自尊、表現、自我主見、成就需求 小：自卑、退縮、消極、人際疏離
精細程度	高：重視細節、社會成熟度高、具藝術創意、現實感 低：不拘小節、不在乎別人的評價、缺乏現實感
筆觸輕重	重：壓抑、焦慮、強迫、固執、堅持 輕：不穩定、易改變、適應不良、缺乏自信、缺乏主見
線條品質	佳：自我要求、約束、細心、責任、紀律、嚴謹 差：自由、衝動、自我防衛、隨性、適應不良
整體比例	佳：自我功能佳、邏輯思考、現實感 差：自我功能差、適應差、現實感差、腦傷

圖形大小

畫人的大小代表受試者的「自我」部分，人物大小反映了受試者想要凸顯或表現自我的意圖、希望外界看見自己及展現自我能力的程度。

畫大

一個人畫人的圖形越大表示自信心越強，表現慾望也越高，越獨立自主，問題解決能力也越強，不會想依賴他人。畫人圖形偏大的人適合當領導人、企業老闆或公司主管，有自己的想法與主見，做事及作風都比較強勢，不喜歡順從或配合別人，喜歡獨當一面。

畫小

畫人偏小的受試者在人群中比較退縮，缺乏自信心，需要他人的肯定，不喜歡表現自己，經常以別人的意見為主，自我成就的需求比較薄弱，甚至有害怕、自卑、消極的傾向。畫人圖形小的人不擅長社交也不積極與人互動，對生命缺乏積極及熱情的態度，沒有太大的理想，也沒有雄心壯志。

精細程度

精細程度是指畫人的外型修飾，例如服飾、配件及修飾的精細程度。畫人的外型修飾通常反映了受試者與外界連結時，想要表現給周遭環境的一種自我形象和角色。這種形象可能是與眾不同的，也可能是性感的、專業的、怪異的或凸顯自我的。

精細度高

畫人精細度高的人做事比較重視細節，也比較重視形象，物質慾望也較高。女生若畫項鍊、耳環、手錶等，表示她喜歡打扮，重視金錢的價值。男生若畫領帶、西裝等白領階級服裝，表示他重視事業成就；若畫運動服，表示他喜愛運動；若畫品牌服飾，表示他重視形象。

精細度低

畫人精細度低的人做事比較不拘小節，也不特別重視形象，思考單純，不喜複雜。另一種畫人精細度低的圖形是人物簡化，人物簡化代表自我功能不佳，社會成熟度差，缺乏成就需求。

筆觸輕重

筆觸輕重是指畫人時握筆描繪輕重的程度。畫人測驗使用鉛筆施測的主要目的之一，就是可看出受試者的筆觸輕重。筆觸輕、重反映了人們的個性及特質，也反映了人們的意志力。

筆觸重

通常畫人筆觸越重的人越固執，別人不容易改變他的想法和意念。畫人筆觸越重的人也表示他的主觀意識越強、越堅持己見，對事情的看法也越執著。很多具有強迫性格的人，他們畫人的筆觸會比較重。畫人筆觸重的人其個性固執、傾向壓抑、要求完美。

筆觸輕

畫人筆觸輕的人缺乏自信，需要他人的肯定，做事缺乏果斷及缺乏安全感，優柔寡斷，不喜歡作決策，開發性及行動力不足，不適合當主管。

線條品質

所謂圖畫的品質是指描繪人形線條的整齊程度。畫人品質好的人通常沒有亂線或重複的線條，擦拭的情況不多，想好了才會下筆，完成的速度也不會太慢，很清楚自己想畫的人物模樣。通常他們描繪的人形比較接近真實生活中的人物實體。一般畫人品質好的人，繪畫筆觸適中，不會太輕也不會太重。

好的品質

畫人的品質代表自我要求、自我約束及與人應對進退的嚴謹態度。通常自我要求越高、自我約束越強、做事越謹慎細心的人，其畫人的品質越好。

畫人品質好的人做事有責任感、安分守己，與人應對進退良好，社會適應能力也好。

不好的品質

相對於好的品質，畫人品質不佳的人，他們不喜歡被束縛，也不喜歡一成不變的生活型態，個性有彈性、愛好自由、對新事物的接受度比較高。假使不好的品質伴隨著雜線出現則表示有不安全的感覺，自我約束較差，也比較多慮。

整體比例

整體比例是指畫人時掌握頭部、身體、四肢的正確比例程度。畫人整體比例越佳表示數理能力越好，理解能力也較高，適合唸理工科。

畫人測驗的整體解釋除了看五大項指標外，同時需兼顧其他繪畫的細節及特色，在人格特質的解釋才能更加完整。繪畫的細節是指描繪人物身體各部位的方式，尤其是頭部、身體姿勢及服飾表現等細節。

二 身體細節項目

除了整體解釋的五大項目外，身體細節部位項目也是必要的參考。身體部位中以頭部、身體四肢、姿勢及服飾為主要參考重點。頭部代表人際關係，身體四肢代表自我功能，姿勢代表情緒，裝飾代表自我形象。以下是細部項目的解釋。

畫人測驗整體解釋的身體細部項目		
部位	意義	細部
頭部	人際關係、社交技巧、親和力、社會互動、同理心	眼睛：同理心、善解人意 嘴巴（牙齒）：口語能力（口語攻擊）
身體與姿勢	自我功能、情緒狀態、現實感、適應狀態、自我與外界互動的模式和關係、自我與他人的態度	劇情、場景：情緒、挑戰傳統 背面：逃避問題 側面：自我主見強 手舞足蹈：情緒問題
裝飾	自我形象、物質的需求及渴望、價值觀、個人風格	修飾：重視形象、對外界包裝的自我 特色：對物質的慾望、價值觀、個人風格

頭部的意義

畫人測驗中，頭部是呈現人際互動的重要部位。一個頭部描繪比例偏大或相對特別細緻的人，他會特別重視人際的經營，也會對人的互動及需求有特別的敏銳度及觀察力，通常他們的人際成熟度會比較高。

眼睛的意義

眼睛是透露一個人的同理心及人緣好壞最重要的器官。一個眼睛描繪精緻有神的人，他們通常是一個體貼、善解人意、敏感、討人喜歡的人。一個描繪眼睛簡化或突兀的人通常人際互動不佳、不擅社交技巧，或不喜歡加入團體等。

嘴巴的意義

嘴巴代表口語能力，嘴唇描繪明顯的人表示語文能力佳。嘴角上彎帶微笑表示心情愉快、正向思考。畫大口表示樂觀開朗、多話。嘴角下彎表示心理不愉快、悲觀。牙齒代表口語攻擊。

身體的意義

身體代表自我功能，身體描繪簡化表示自我功能不佳。表現出男女差異特徵，表示已發展出兩性的角色扮演。身體輪廓描繪重複線過多，表示有憂鬱、多慮的傾向；鋸齒狀線條表示缺乏安全感；筆觸重表示有焦慮的傾向。

手或腳部的意義

畫人測驗的手部意義代表受試者與外界環境互動的型態。兩手半敞開的姿勢表示對外界環境的信任及健康、正面的態度。兩手背在後面表示受試者的被動及防衛的態度。男、女生互相牽手表示需要陪伴。手臂長度過短或過長都不好，過短表示自我功能不佳；過長表示掌控性高。若只描繪手臂而沒有手掌表示缺乏成就感，有無法掌控、能力不及，或無助的含意。

腳則表示自己有頂天立地、人定勝天、事在人為的能力；若沒畫腳或簡化腳部，表示自己缺乏頂天立地的功能及缺乏獨立自主、被肯定的自信。反之，畫大腳的人表示動手操作能力佳。

姿勢的意義

姿勢代表情緒的象徵。情緒穩定的人通常兩手自然下垂展開，不會呈現手足舞蹈的姿勢，也不會呈現動作或特別的姿勢。若姿勢呈現出具有某種含意的情景，或兩人呈現出特別的互動，都代表某種程度的情緒困擾。

服飾的意義

服飾代表自我形象。服飾描繪得越細緻，表示做事重視細節。服飾呈現時尚感，表示重視物質的慾望及金錢的價值。服飾呈現品牌象徵，表示重視生活奢華及講究門面。服飾描繪有個性、具特色，表示重視自我形象。

身體的方向

身體的方向可透露受試者對外界的應對方式。通常一般人會畫正面的人物，畫側面表示主觀意識強，不容易接受他人的建議；畫背面的人表示遇到問題比較容易選擇逃避的方式應對。

圖畫的陰影

圖畫的陰影可反映一個人的情緒狀態。簡單而言，陰影就是著色、塗黑的意思。通常畫人圖形中陰影越多表示不愉快的情緒也越多。當陰影主要出現在頭部時，表示其不愉快的情緒主要來自於人際的因素；若陰影出現在軀幹時，表示其不愉快的情緒主要來自於自我功能的因素；若陰影出現在人形邊界的描繪時，可能會有鑽牛角尖、無助、壓抑或焦慮的情緒狀態。

三 其他繪畫特色及情緒困擾指標

繪畫特色是指整張畫最強調、最凸顯出來的部分。有些人會質疑畫人測驗的解釋是否會因受試者的繪畫天分或訓練而影響，答案是不會影響。畫人測驗的主要解釋重點不在繪畫技巧的好壞或整體呈現的美感，而是在受試者主觀選擇要呈現出來的繪畫方式及內容。當然，能夠呈現美感的繪畫通常是具備藝術天分的人才能畫得出來。

怪異的圖畫

怪異的圖畫可能是與眾不同、少見、奇怪的人形呈現，它可能是四肢分離的軀體、機器人模樣的軀體、似乎有特別劇情的兩人互動、不像真實人物的怪異模樣或太過簡化而沒有四肢的軀體等。總之，與一般人描繪人物的方式大相逕庭，或畫出的人物看起來似乎是別具意義的人物圖像，基本上都反映了受試者的怪異特質。至於是哪一方面的怪異特質，要視其畫出來的怪異情況而定。

性別角色尚未成熟的畫

兒童大約從七歲開始發展兩性的概念，小學三、四年級是兒童對異性有初步概念的平均年齡。小學五、六年級漸漸會對異性產生不同的情愫。國中青春期階段經常對異性關係呈現兩極化狀態，一種是對異性特別好奇及勇於嘗試，另一種是對異性關係呈現壓抑及抗拒的狀態，因此國中生在畫男生及女生的差異也比較會呈現這兩種極端情況。

性感的畫

所謂性感就是描繪人物時會顯露出性特徵，例如，畫出肌肉、鬍鬚、喉結、皮帶、褲襠的男生；或畫出露肩、露胸、熱褲、泳衣的女生等等。通常畫性感人物的人對異性需求比較強烈，也比較感性及熱情。如果畫與自己不同性別的人物比較性感，表示對異性頗感興趣、對性的需求也較為強烈；但如果畫與自己相同性別的人物比較性感，則表示受試者本身是一個比較具有異性吸引力的人，也比較具有該性別傾向的特質。例如，女性畫女生比較性感時，表示她比較具有女人味兒；而男生畫男生比較肌肉時，表示他比較具有陽剛特質。

完成的速度

通常畫人測驗完成的速度可表示一個人做事的速度及態度。一個畫人速度很慢的人，其做事、思考速度也會比較緩慢；一個畫人速度很快的人，其做事、思考速度也會比較俐落。一個性急的受試者其畫人速度不可能太慢，無論是否具備繪畫天分或後天練習。同樣地，一個慢郎中其畫人速度也絕不會太快。又如，有些人的畫人測驗，起頭很慢，思考許久後才動筆，但後續完成的速度卻不慢，表示他做任何事之前都會需要時間思考清楚，一旦弄清楚方向、下定決心又會迅速完成任務。畫人測驗的完成速度在團體施測時比較不容易精準判斷；單看圖片也很難辨別速度的快慢。

畫骨頭人

畫骨頭人的受試者其自我防衛心重，不想讓他人輕易瞭解自己的內心世界，對外界環境心存懷疑或不信任，彷彿怕被察知自己內心深處的秘密，所以選擇躲避，或不自覺地想隱藏自己，或刻意地想挑戰測驗的權威。總之，畫骨頭人的畫人結果無法作解釋，就算解釋也不準確，因為受試者有自我防衛而不想被他人探知的意圖。

畫卡通圖樣的人

畫卡通圖樣的人通常想法比較理想化，現實感較差，喜歡作夢、想像力豐富、不夠務實，不喜歡以金錢衡量事物的價值，也不喜歡複雜的人際世故。

畫漫畫美少女的人

喜歡畫浪漫人物的人是屬於不食人間煙火型的受試者，總是生活在有點浪漫、幻想、美美的世界中，不喜歡平凡俗事，有自己的想法，不喜束縛，因此常給人叛逆、孤傲、桀驁不馴、不易說服、不易順從的感覺。

畫愛心的人

畫男生和女生彼此結婚、擁抱或畫愛心的人，通常是沉浸於戀愛中或較需要陪伴。從畫人測驗中兩個人的互動就可以感受到他們心中充滿戀愛的氣氛。

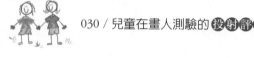

畫大且誇張的人

愛表現的人可能是在團體中經常扮演耍寶的角色，或在團體中很容易被注意到的個體，他們從來不畏懼表現自己的才能，也很大方地發表自己的見解，總是為維護自己的權益而不吝於直接表達。他們畫人的尺寸總是偏大且誇張或怪異，幾乎占據整張紙面，頭部也經常是他們誇大的部位。

男女中間畫線分開的人

重視自己權益的人其畫風通常是拿到紙時先中間畫一條線，或將紙對折一下再開始畫。重視權益的人從不吝於表達自己的需求，但他們同時也會尊重他人的權益。換言之，他們不喜歡別人占他們便宜，也不喜歡占別人的便宜，一向公私利益分明，即使最親近的人他們仍然分得很清楚。

畫兩人牽手的人

畫兩人牽手表示受試者沉浸在愛情、陪伴中，通常處於戀愛狀態或重視陪伴。牽手狀態可能會隨著時間而改變，當失戀或分手時，受試者就不再畫出牽手的圖形。牽手與否可顯示受試者當時的情緒或心情，有助諮商、輔導功能。

畫不出人物實際形體的人

現實感不足的人畫不出人物的實際形體，對人的興趣不大，對人的概念也不足。這類的人社會成熟度不佳、人際成熟度也不佳，他們無法看見自己的問題。

4

兒童年級常模的畫人解釋

兒童的大腦發展會隨著年齡的增加而不斷成熟，尤其在小學階段，一個年級的差距就可能呈現他們在心智或生理發展上很大的差距。畫人測驗整體指標性的解釋方式，可藉兒童的人物描繪整體表現，快速判斷他們的智能程度，如優、良、普通、差、劣、是否智能不足等，而不需就人物描繪的每一部位、細節費時量化計分。

根據過去的研究以及作者長期的實務經驗，小學兒童是畫人測驗最能快速預測他們智能程度的年齡族群，只要不伴隨情緒的問題，通常畫人測驗用於兒童智能大方向的判準並不困難。事實上，畫人測驗的整體指標性解釋，對學童的社會成熟度及人際關係更能快速準確地判斷。然而，要從兒童的人物描繪快速判斷他們的智能程度，首先必須具備大量觀察各年級學童人物描繪的豐富經驗，藉以瞭解兒童在人物繪畫的整體發展常模。因此，本章節針對幼兒園及小一至小六兒童在畫人測驗的普遍表現做一大量整體的呈現，以作為讀者衡量兒童智能好壞的常模依據。

目前國內國小階段的教育採常態方式分班，因此一般同年級各班都包含有或多或少比例的特殊兒童，如過動、亞斯伯格、情緒困擾或人際不良的學生。因此，本書並未排除這些類型的特殊受試者。以下就針對各年級層的兒童，按照男女順序，針對廣泛隨機代表性的樣本做範例解釋分別討論之。

一 幼兒園小班兒童的畫人範例

小班兒童的繪畫發展剛開始萌芽，他們畫人通常只呈現簡單的頭和四肢，好像缺了身體的感覺，頭部會比較凸顯，但五官簡化，而且幾乎看不到服裝的修飾，城鄉差距大。

這是一位小班男生的畫人測驗。兩個人畫得很小又很接近，表示他缺乏自信心，人際方面有些退縮，開竅比較晚，但親和力還不錯，應多給予學習刺激與鼓勵。

這是一位小班男生的畫人測驗。他畫得稍微具體、精細些，圖形偏小，有畫出身體，但筆觸偏重，所以個性比較固執、壓抑。頭部凸顯兩個黑眼睛，表示對人的關係執著。

這是一位小班男生的畫人測驗。他的圖畫豐富且不只畫兩個人，筆觸很重而且有陰影，好像要表達某種情境下的故事，可能有情緒困擾的問題。

這是一位小班男生的畫人測驗。他可以畫出具體的人形，不僅有頭髮，而且有身體、四肢，甚至鞋子，畫得很完整，表示這個男生非常聰明、社會成熟度頗佳；但五官只點了兩點眼睛，表示他情緒表達很直接；人物大小偏小，表示他缺乏自信心，應盡量給予鼓勵。

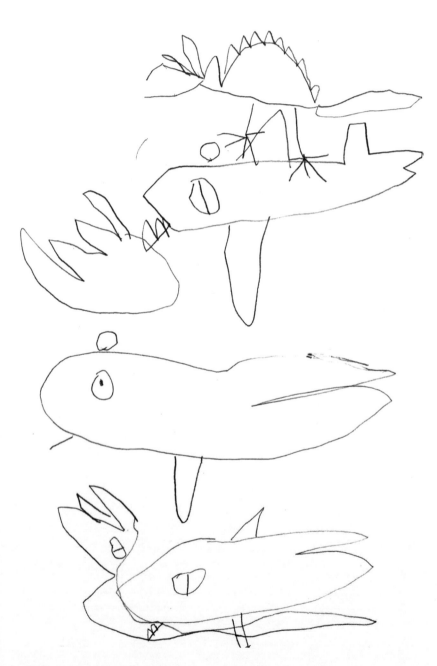

這是一位小班男生的畫人測驗。圖畫中看不出在畫人，但畫得很大，情緒表現較為誇張，圖畫試圖表現某種意義，可能有情緒困擾的問題。

這是一位小班女生的畫人測驗。畫的人形偏小，但有畫身體、四肢和腳，精細度不錯；有畫頭髮、眼睛和嘴巴，表示她的社會成熟度還不錯。所畫的女生比男生稍大，表示仍處於自我中心的階段；整體圖形偏小，線條有些紊亂，表示自我約束較差。

這是一位小班女生的畫人測驗。除了畫兩個人之外，還畫了一隻大蝸牛，可見她想像力豐富，而且喜歡接觸大自然；男生、女生不太能區分，表示她個性比較中性，筆觸稍重，個性比較固執。

這是一位小班女生的畫人測驗。圖畫大小適中、女生稍大、精細度很好，尤其是女生的部分，有畫頭髮、耳朵、眼睛、鼻子、嘴巴、身體和四肢，表示她的社會成熟度頗佳；有特別強調耳朵，表示重視別人對自己的批評；女生畫得也比較大，備受寵愛。

這是一位小班女生的畫人測驗。人物描繪的精細度非常好，已經可以畫出五根手指頭和腳趾頭，頭部可畫出頭髮、五官齊全，表示社會成熟度不錯；兩個人都畫開口大嘴巴，表示她是一個開朗、多話的女生。女生畫大耳朵表示重視別人對自己的批評。

這是一位小班女生的畫人測驗。圖形很大，但人形不具體，握筆的能力似乎還沒有發展出來，表示她的情緒表現方面會比較誇張，可能有情緒困擾的問題。

二 幼兒園中班兒童的畫人範例

中班的兒童在繪畫的發展已經進步到能畫出身體、手腳，甚至服飾的階段。頭部也可以描繪出五官和頭髮，但普遍而言還無法畫出脖子。無論男女生，中班兒童的畫人測驗都傾向女生畫得比男生大。

這是一位中班男生的畫人測驗。筆觸偏重、圖形適中、精細度佳、比例也很好，表示他社會成熟度高，智力發展比一般人早。畫出嘴巴和牙齒，表示開朗健談；繪畫筆觸重，表示個性比較固執，應該是一個懂事早熟的男生。

這是一位中班男生的畫人測驗。描繪服飾有陰影，表示有壓抑的狀況。女生的描繪較紊亂，表示在他心目中女生較具權威和強勢。男生五個手指以直線表示，可能會較具攻擊性。

這是一位中班男生的畫人測驗。筆觸重，表示個性固執、壓抑。所畫的兩個人物比較像女生，表示這個男生的個性比較女性化。有許多細節的描繪，表示智力佳、社會成熟度高，做事也比較重視細節。

這是一位中班男生的畫人測驗。圖畫除了兩個人之外，還畫了一部大車子，可見他是一個喜歡車子的男生；他畫的人物手腳有簡化的現象，頭部也只畫出兩個黑眼睛，表示他的自我概念不佳，對人際的關係執著，應該不擅長與人相處，也對人興趣不高。

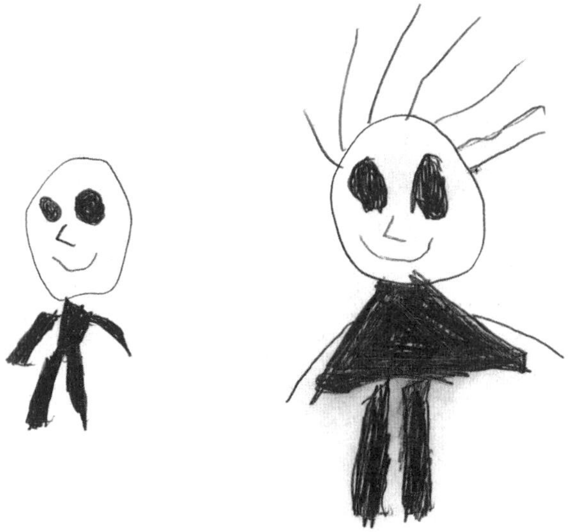

這是一位中班男生的畫人測驗。圖形偏大、筆觸很深、陰影也很多，表示他個性倔強、壓抑，有情緒的問題。頭部特別凸顯眼睛，對人際的關係執著。

這是一位中班女生的畫人測驗。人物大小適中、品質佳、精細度非常高，表示這個女生做事重視細節，非常聰明，社會成熟度很高，女生特質強。除了人物之外她還畫出花草，服飾上修飾很多，有口袋還有荷葉邊，耳朵還有畫耳環，所以她具有創意的天分，且比較重視金錢的價值，也喜歡打扮自己，應該是一個很懂事、貼心、早熟的女生。

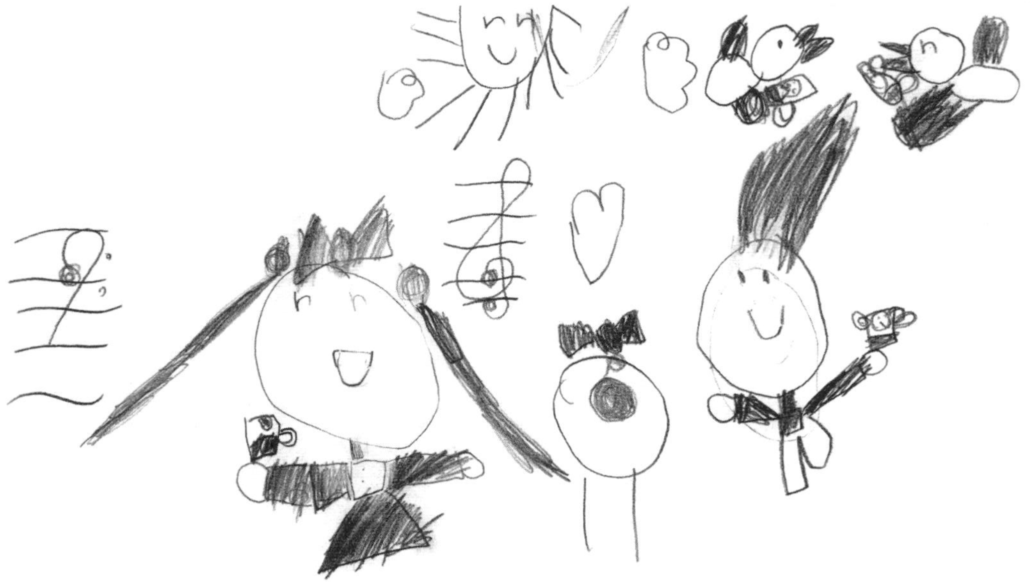

這是一位中班女生的畫人測驗。圖畫很豐富，除了兩個人之外，還畫了太陽和音符，還有小鳥，可見她是一個很有創意、喜歡表現、不喜歡受束縛的女生。圖畫中有許多陰影，表示她的個性比較壓抑，可能有些情緒的困擾。女生畫大嘴巴，表示她是一個開朗、多話的女生。

這是一位中班女生的畫人測驗。圖畫大小適中、握筆的成熟度佳、線條穩定不亂，表示這位女生的社會成熟度佳，自我約束高。繪畫筆觸重，表示個性固執、壓抑。男女服飾區分清楚，表示在性別角色的認同已經開始發展。

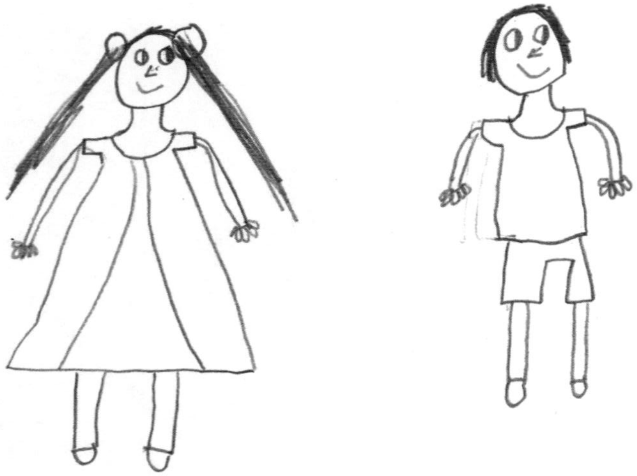

這是一位中班女生的畫人測驗。圖畫大、筆觸重，表示這個女生自信心高、很有自己的想法。繪畫整體品質佳、精細度高，表示聰明、懂事。畫出精細的眼睛表示很貼心，服飾精細還畫了耳環、皮包，以及漂亮的高跟鞋，可見她是個很重視金錢價值的人，而且很喜歡打扮自己。唯一美中不足的地方，是她畫了大嘴巴且看到牙齒，表示她容易因為說話太直接、犀利而刺傷別人。

這是一位中班女生的畫人測驗。圖形大小適中、線條穩定、五官齊全、從頭到腳畫完整，表示她的情緒穩定、乖巧、自我約束高，能力不錯，社會成熟度也不錯。

三 幼兒園大班兒童的畫人範例

大班兒童的繪畫表現差異頗大，通常已經可以畫出脖子和五指，也可以看出女生平均畫得比男生精緻，表示女生的社會性普遍發展得比男生早。

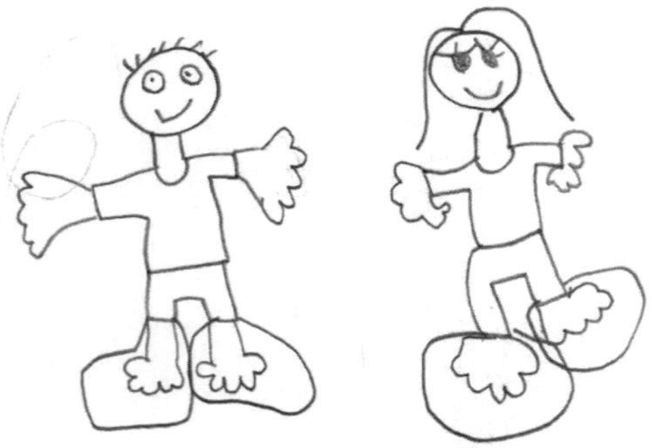

這是一位大班男生的畫人測驗。圖形大小適中、線條不亂，表示他的情緒穩定、配合度高、自我約束也好。畫出五根手指和腳趾，而且特別凸顯手腳的大小，表示他操作能力佳，行動力也很高。

這是一位大班男生的畫人測驗。呈現出來的人物與真實的人有些差距，表示他現實感不高，社會成熟度不足。只畫三根手指頭，表示他常用手攻擊他人。此外，他還特別凸顯兩個大耳朵，表示他重視別人對自己的評價。凸顯兩個黑眼珠和一個大嘴巴，表示他對人際關係較為執著，是一個開朗、多話的男生。男生頭部比例偏小，表示他不特別重視人際的關係。筆觸重，表示個性固執。

這是一位大班男生的畫人測驗。大小適中、頭髮有些陰影，表示有些人際的負擔。身體簡化，只有兩個手指，表示能力不特別好；畫出大耳朵，表示重視別人對自己的評價。

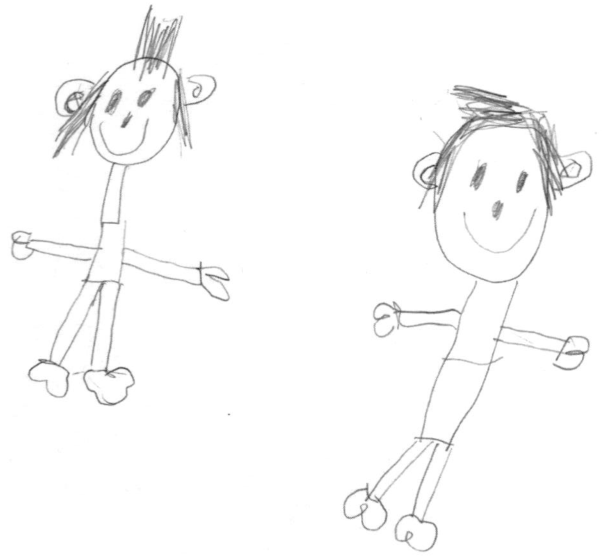

這是一位大班男生的畫人測驗。圖畫適中、整體圖形呈現柔和可愛的樣子，表示他是一個順從、情緒穩定、個性溫柔，不具攻擊性的男生。畫出水汪汪的大眼睛表示他是貼心、自我約束高又很乖巧的男生。

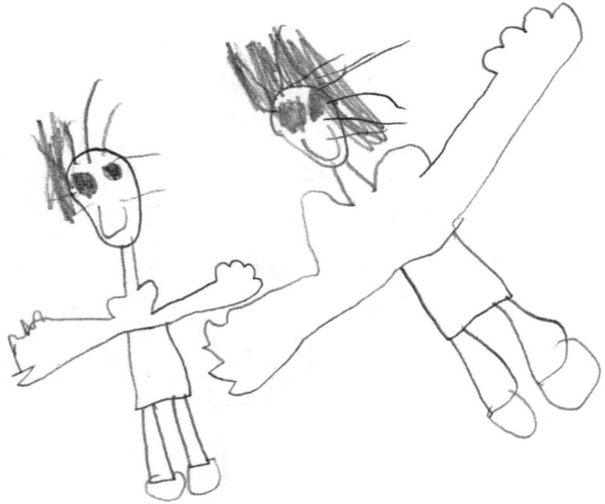

這是一位大班男生的畫人測驗。圖形適中，但人物歪斜，線條、品質都有些亂線，表示他的情緒較不穩定、自我約束較差、很難馴服。特別強調手臂及手掌，表示他掌控力強，比較會調皮搗蛋。畫兩個大眼睛、頭髮有陰影，表示他對人際的關係執著。

這是一位大班女生的畫人測驗。圖畫稍大、線條品質佳，表示她有自信，情緒穩定。女生畫得像一個公主，表示她是一個女性特質很強的女生、喜歡打扮、喜歡被他人重視。筆觸重，個性較為任性，但會是一個備受寵愛、討人喜歡的女生，已經發展出性別角色的認同。

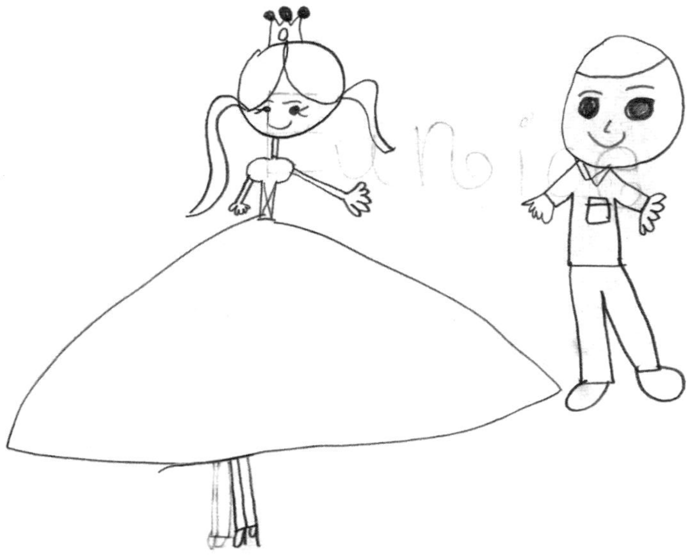

這是一位大班女生的畫人測驗。圖形大小適中、線條穩定，表示她的情緒穩定、社會成熟度高。女生畫成一個成熟的公主，表示她女性特質強、喜歡打扮自己、追求物質享受，喜歡眾人以自己為中心。

這是一位大班女生的畫人測驗。沒有身體，表示她的認知能力發展比其他小孩落後，還無法畫出四肢和正確的人形，可能有發展遲緩的問題。

這是一位大班女生的畫人測驗。圖形小表示缺乏自信。人形四肢簡化，表示她的認知能力發展較差，可能有發展遲緩的問題。

這是一位大班女生的畫人測驗。圖形偏大，表示她是一個很有自信的女生。服飾修飾得非常精緻，表示她有創意天分，做事非常重視細節。眼睛一睜一閉，表示很貼心、幽默。頭髮塗黑、長髮，表示她喜歡留長髮，但是人際關係可能會帶給她一些負擔。已經可畫出五根手指和高跟鞋，可見她是一個社會成熟度很高、頗為聰明又很懂事的女生。

四 小學一年級兒童的畫人範例

小學一年級兒童開始進入團體生活，學習也開始豐富、約束及被要求一致。這個階段的孩子需要迅速學習社會化，且要學習處理人際互動和自我約束。一年級兒童的繪畫發展延續幼兒園的繪畫能力持續成熟，已可畫出具體的人形，也有能力描繪出服飾的特徵，是一個進入物體具象化的認知發展階段。

這是一位小一男生的畫人測驗。他是一個很有自信又聰明的孩子，社會成熟度高、個性樂觀開朗，領導能力佳、有創意，他的語文能力好，甚至有講話太過犀利的疑慮，自我約束高、遵守社會規範、掌控性稍強，是一個穩重、懂事、充滿愛心的孩子。

這是一位小一男生的畫人測驗。除了兩個人之外還畫了許多雲、花草，表示他想像力豐富。人形完整、修飾豐富，表示他智能不錯，社會成熟度佳。男生凸顯耳朵、頭髮有陰影，表示他個性壓抑，在意別人對自己的評價，有焦慮的傾向。兩點眼睛、大嘴巴，表示他情緒表達直接不隱藏，個性開朗樂觀。

這是一位小一男生的畫人測驗。人物稍大、背景豐富，表示有自信、不喜束縛，凸顯頭部，重視人際關係。男生頭髮有陰影，對人際關係有負擔。

這是一位小一男生的畫人測驗。人物極小，表示他有離群、自卑的傾向。通常人物小而且簡化，代表有適應上的問題，而且對自己缺乏自信。

這是一位小一男生的畫人測驗。圖形偏小、強調頭部，表示重視人際、配合度高、缺乏主見。身體有些僵化，沒有修飾，表示個性缺乏彈性，能力不足，是一個想法單純的人。沒有畫腳，表示缺乏行動力。

這是一位小一男生的畫人測驗。大小適中、服飾成熟，表示他社會成熟度高。頭髮有陰影，男女凸顯耳朵，表示他過分重視別人對自己的評價。線條不亂、品質佳，表示他自我約束高。兩手偏長，掌控性高；兩腳偏小，行動力弱。

這是一位小一男生的畫人測驗。人物偏小、兩人接近，而且被外框線框住，表示他缺乏自信、畫地自限，但親和力不錯。強調頭部，且頭髮有陰影，表示他重視人際但也會有心理的負擔。沒有畫手掌，表示執行力不佳。以男生的表情來看，他是一個可愛、溫柔、不具攻擊性的男生。

這是一位小一男生的畫人測驗。人物偏小、有基底線，表示他缺乏安全感、個性有些退縮。男女沒有太大差別，表示尚未發展出性別角色的認同。服飾沒有修飾，表示做事不拘小節。有畫太陽，是一個樂觀的人；男生表情溫和，是一個容易滿足的人。

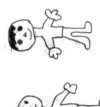

這是一位小一男生的畫人測驗。圖形偏大，喜歡表現；強調頭部、頭髮有陰影，表示重視人際關係，同時也帶給自己內心的負擔。凸顯耳朵，表示在意別人對自己的評價。兩手五爪直線，表示具有攻擊性。兩眼如豆，表示情緒表現直接、不隱藏。

這是一位小一男生的畫人測驗。除了畫兩人之外，還畫了其他人和許多背景，表示有衝動的傾向。對自我沒有太多概念，容易受到周遭環境影響，專注力不足，與一般小孩不同。可能有情緒的問題。

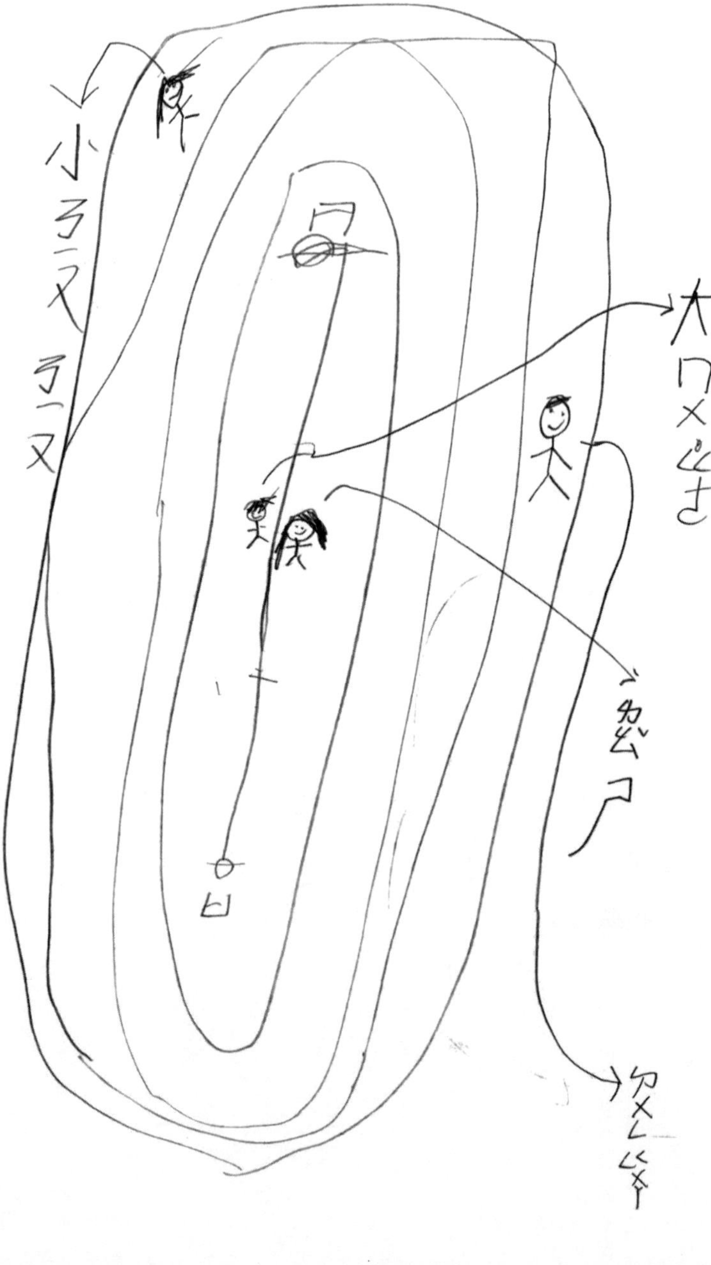

這是一位小一女生的畫人測驗。圖形偏大、男女劃分清楚，表示有自信、女性特質強，且已發展性別角色認同，喜歡被關愛。有畫睫毛、開口，是一個貼心、討人喜歡又樂觀的女生。服飾修飾豐富、喜歡打扮、重視形象。手腳簡化，表示自我功能不佳。

這是一位小一女生的畫人測驗。圖形偏小，但女生較大，表示仍處於自我中心階段，有貶抑男生的傾向。凸顯頭部，表示重視人際關係，腳部簡化，表示有很多想法但行動力不足。

這是一位小一女生的畫人測驗。圖形適中、筆觸偏重、肩膀方正，表示配合度高、個性固執、缺乏彈性。頭髮有陰影，有來自人際的困擾。開口，表示樂觀開朗。

這是一位小一女生的畫人測驗。圖形偏大，有自信心。頭部比例較大，重視人際關係，有很多想法。強調眼睛，同理心高，是一個貼心的女生。手部偏長，掌控性高。兩人接近，親和力強。

這是一位小一女生的畫人測驗。圖形偏大，且女生比男生大很多，表示有自信，但有貶抑男生的傾向。頭髮怪異，表示想法與一般人不同，會有比較誇張的表現。女生未畫手，但凸顯高跟鞋，表示女性特質強，但自我功能不足。

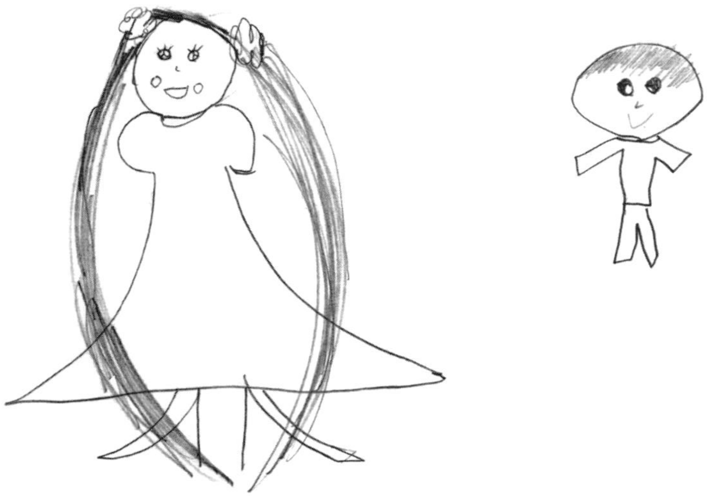

這是一位小一女生的畫人測驗。圖形頗大，且女生比男生大，表示具有自信，並且凸顯自我。眼睛明顯，有睫毛，是一個貼心的女生。服飾修飾精細，表示重視形象，但肩膀連接處不佳，手腳細小，雖有很多想法但自我功能不佳。

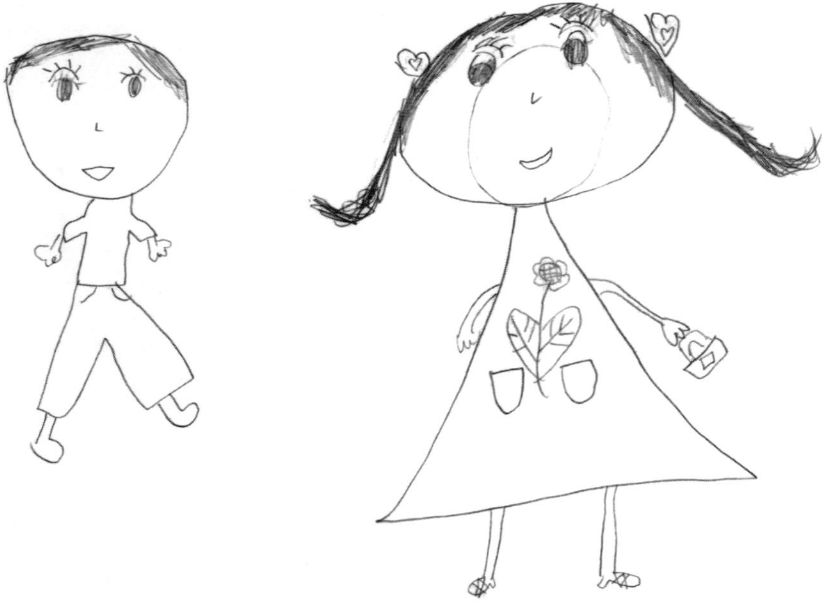

這是一位小一女生的畫人測驗。大小適中、圖形偏右，表示偶爾有情緒不穩的狀況。線條品質極佳、修飾精緻，表示具有藝術天分，而且是一個要求完美、重視形象的人。

這是一位小一女生的畫人測驗。圖形大小適中，表示配合度高。線條品質佳，遵守社會規範。頭髮有陰影，有來自人際的壓力。凸顯眼睛且畫睫毛，表示觀察敏銳度佳，是一個貼心的女生。服飾成熟且性感，表示她是一個女性特質強、社會成熟度高、兩性發展早熟的女生。

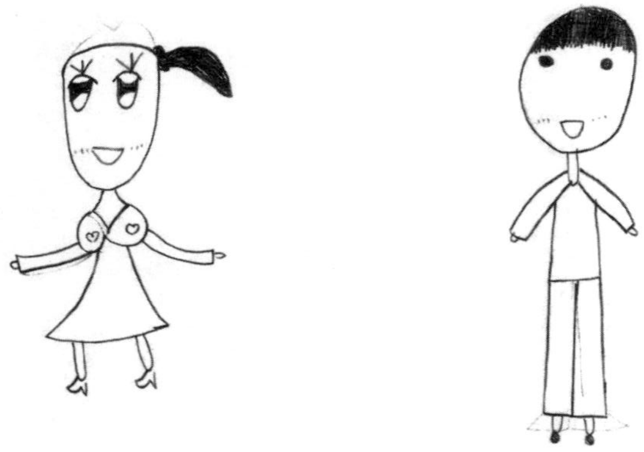

這是一位小一女生的畫人測驗。圖形偏小，缺乏自信，個性有些退縮。修飾精細，表示她重視形象、做事重視細節，是一個仔細、小心的人。頭部強調眼睛，是一個擅長處理人際關係的人。

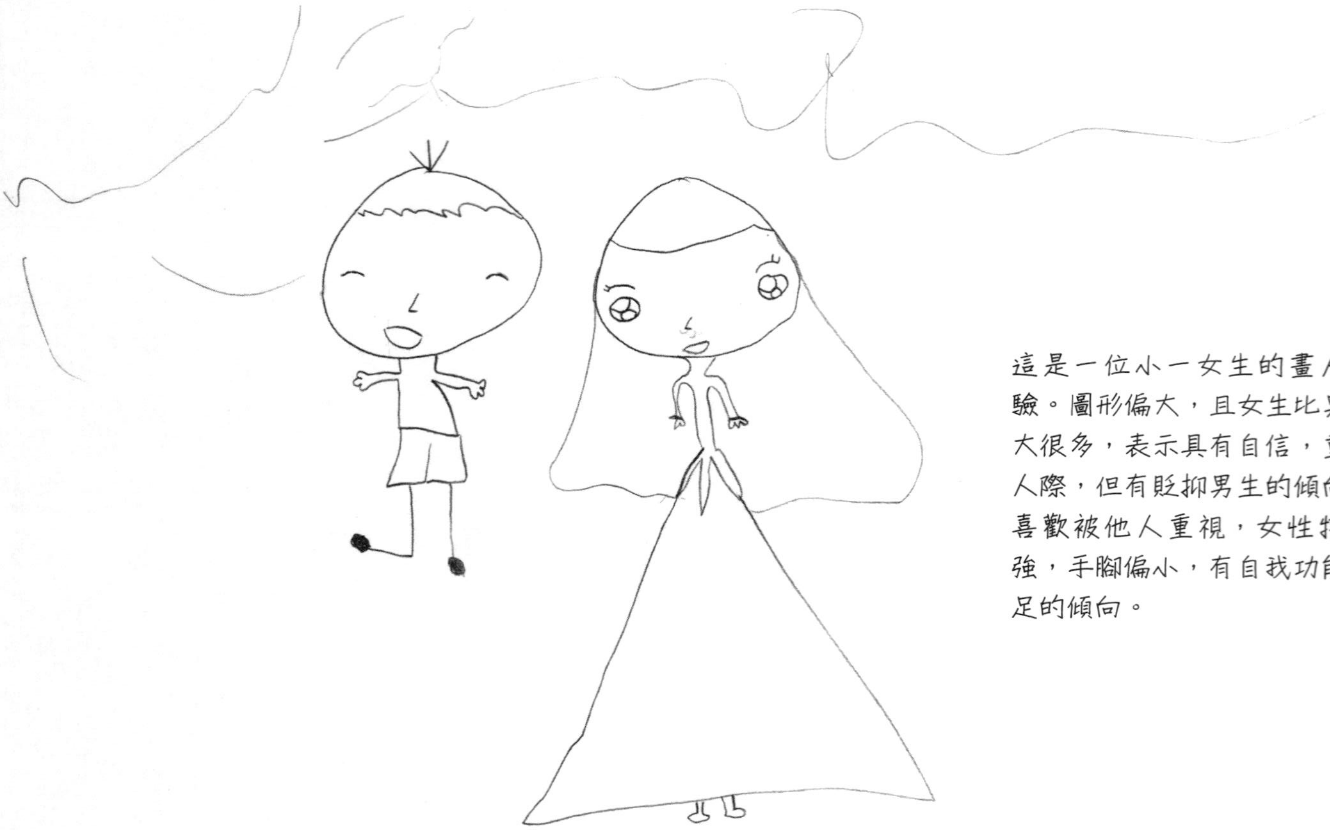

這是一位小一女生的畫人測驗。圖形偏大，且女生比男生大很多，表示具有自信，重視人際，但有貶抑男生的傾向。喜歡被他人重視，女性特質強，手腳偏小，有自我功能不足的傾向。

五 小學二年級兒童的畫人範例

小二兒童延續小一兒童的繪圖發展而漸趨成熟，能描繪出睫毛、眉毛、鼻子、脖子等部位，服飾開始慢慢加入修飾及特色，身體、四肢較為具體。

這是一位小二男生的畫人測驗。圖形適中，配合度高。頭髮有陰影，有來自人際的困擾。畫大粒眼睛，表示他對人的喜好執著。身體及四肢簡化，表示社會成熟度不足；兩人接近，親和力強。

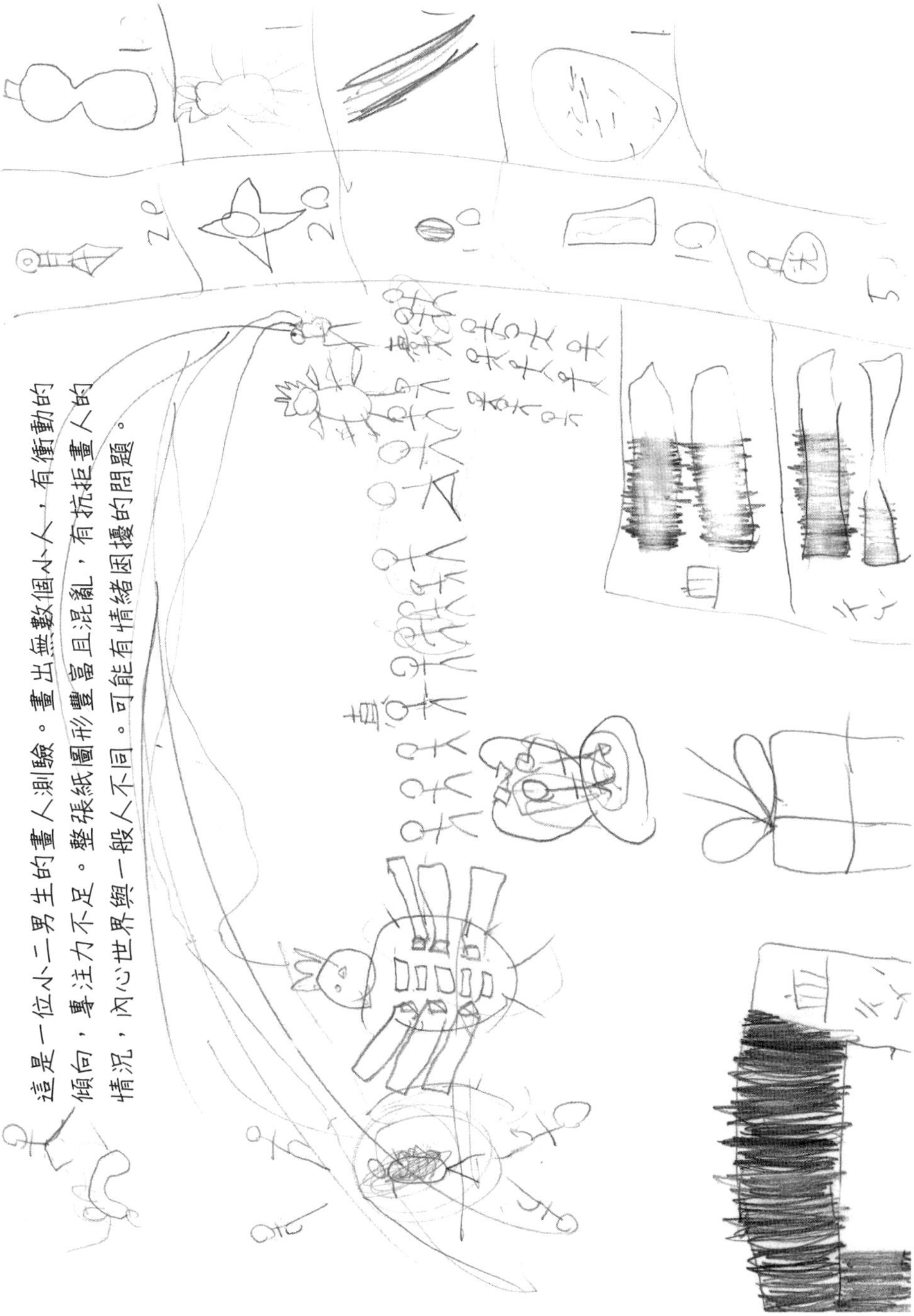

這是一位小二男生的畫人測驗。畫出無數個小人，有衝動的傾向，專注力不足。整張紙圖形豐富且混亂，有抗拒畫人的情況，內心世界與一般人不同。可能有情緒困擾的問題。

這是一位小二男生的畫人測驗。圖形偏大，有自信；兩人牽手，表示需要他人陪伴。畫大嘴巴，表示開朗多話。頭部比例較大，重視人際關係。身體簡化，但手腳細長，連接處不佳，可能有適應環境的問題。

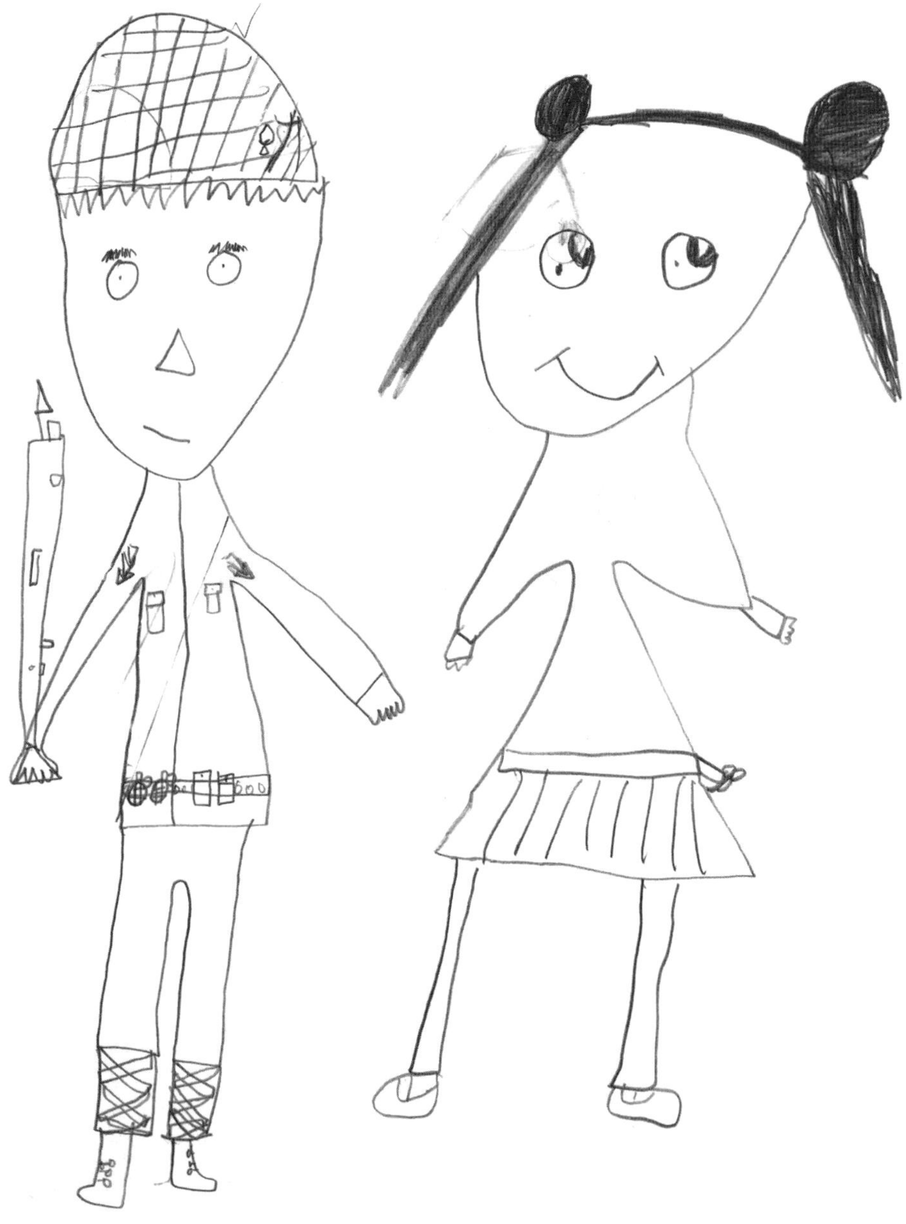

這是一位小二男生的畫人測驗。圖形極大，有誇大自我的傾向。服飾描繪精緻，做事重視細節。強調頭部，重視人際關係。頭髮有陰影，可能有來自人際的困擾。眼睛空洞，嘴巴不帶笑容，表示內心不常快樂。

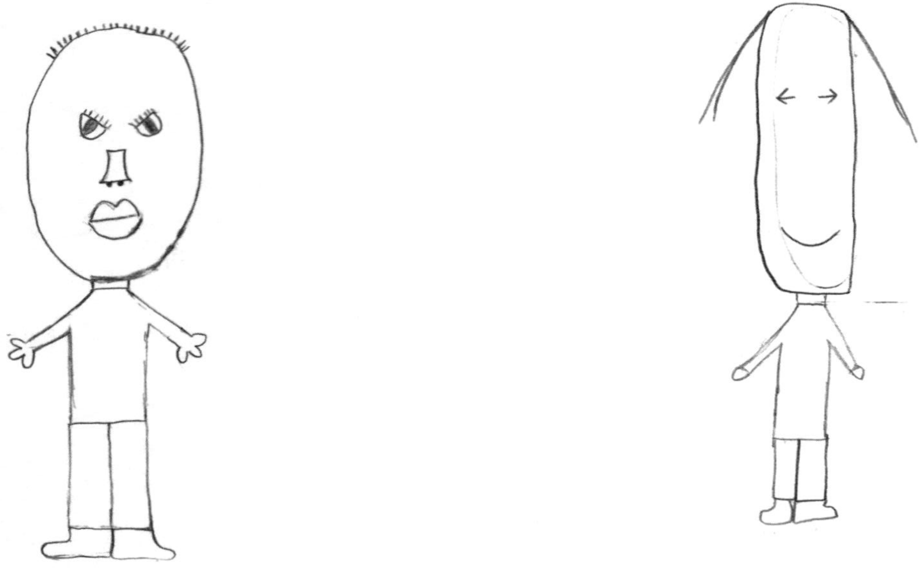

這是一位小二男生的畫人測驗。兩人距離大，表示有人際疏離的情況。男女體形相似，性別尚未分化。強調頭部，重視人際關係，表情老成，心境早熟。強調嘴唇，語文能力佳，但不容易快樂。筆觸偏重，個性壓抑，做事較沒彈性。

這是一位小二男生的畫人測驗。大小適中，兩人接近，表示需要人陪伴，害怕孤單。背景過分豐富，有些紊亂，可能有情緒的問題。畫人線條不亂，自我約束高，應該是一個遵守社會規範的孩子。

這是一位小二男生的畫人測驗。圖形偏小，兩人距離極遠，表示他有人際疏離的傾向，且缺乏自信。好像要表達某種含意，可能有情緒困擾的問題。五官簡化，人際關係不佳，甚至有不喜歡接觸人的情況。

這是一位小二男生的畫人測驗。圖形偏小，線條品質不差，表示缺乏自信，但遵守社會規範。有背書包，是一個重視學業成績的孩子。應給予鼓勵。

這是一位小二男生的畫人測驗。圖形偏小，圖畫怪異，表示缺乏自我概念、社會成熟度不佳，內心世界與一般人不同。頭髮有陰影、兩眼空洞，有人際方面的困擾。畫基底線，身體四肢分離，有攻擊性的場景，表示缺乏安全感，對人具攻擊性，有情緒困擾的問題。

這是一位小二男生的畫人測驗。圖形偏小，身體怪異，缺乏自我概念、現實感不佳。頭髮有陰影，表示有來自人際的困擾。畫大嘴巴，表示開朗、多話。

這是一位小二女生的畫人測驗。女生頭髮有陰影，兩眼如豆，表示不擅處理人際關係，有來自人際的困擾。畫大嘴巴，表示開朗、多話。身著褲裝，個性中性。服飾缺乏修飾，做事不積極。

這是一位小二女生的畫人測驗。圖形適中，修飾精緻，表示配合度高、重視形象。女生頭髮有陰影，表示有人際上的困擾。兩手偏長，掌控性高。

這是一位小二女生的畫人測驗。圖形大，表示誇大自我、喜歡表現。頭髮有陰影，有來自人際的困擾。服飾成熟，社會成熟度高、有早熟的傾向。線條鋸齒狀，缺乏安全感。兩手偏長，掌控性強；中間一條線隔開，表示權益區隔明顯。

這是一位小二女生的畫人測驗。圖形偏大，自信心高、喜歡表現。兩顆大黑眼，頭髮有陰影，表示對人際的關係執著，有來自人際的壓力。服飾成熟、時尚，社會成熟度高，重視金錢的價值；行動力稍弱。

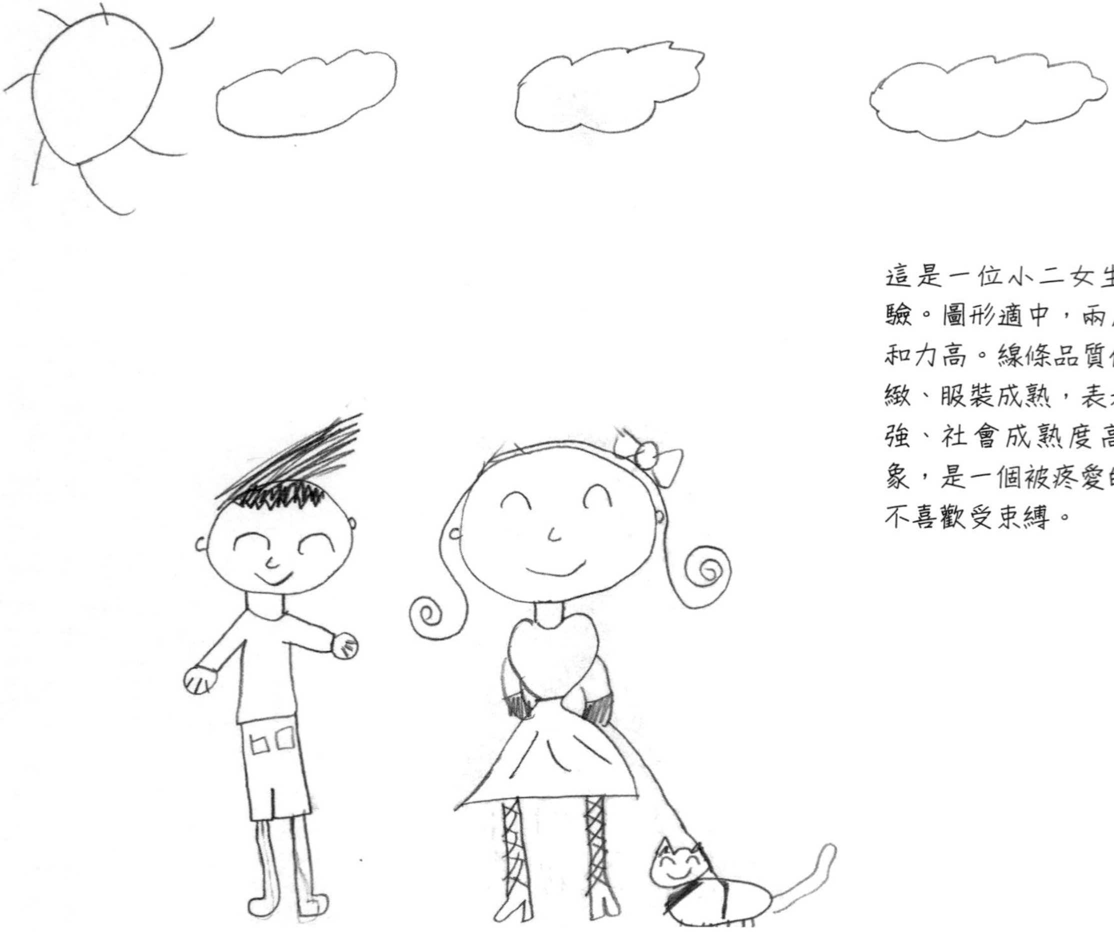

這是一位小二女生的畫人測驗。圖形適中，兩人接近，親和力高。線條品質佳、修飾精緻、服裝成熟，表示女性特質強、社會成熟度高、重視形象，是一個被疼愛的女孩，但不喜歡受束縛。

這是一位小二女生的畫人測驗。圖形偏小，兩人接近，親和力強，配合度高，線條品質佳，修飾精緻，表示做事重視細節，要求完美。頭髮有陰影，有來自人際的困擾。

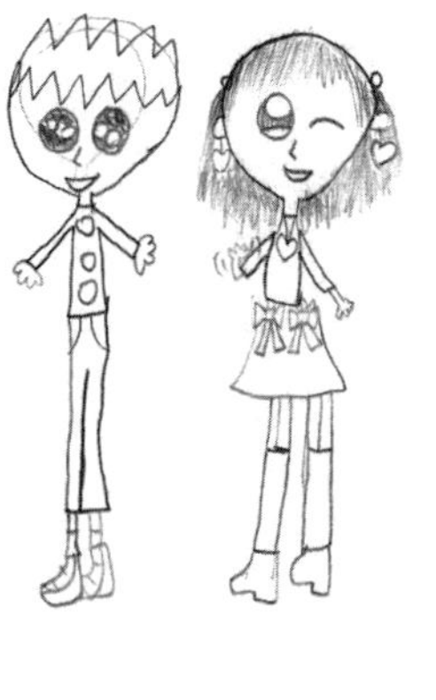

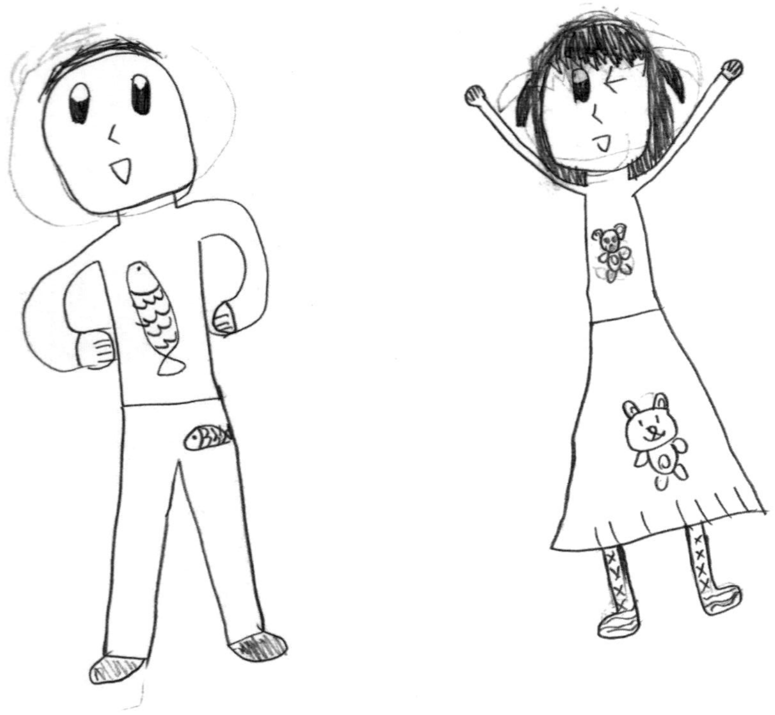

這是一位小二女生的畫人測驗。圖形偏大，兩手高舉，喜歡表現。頭髮有陰影，有來自人際的困擾。服飾修飾精緻，做事重視細節且注重形象。眼睛一睜一閉，貼心、幽默。

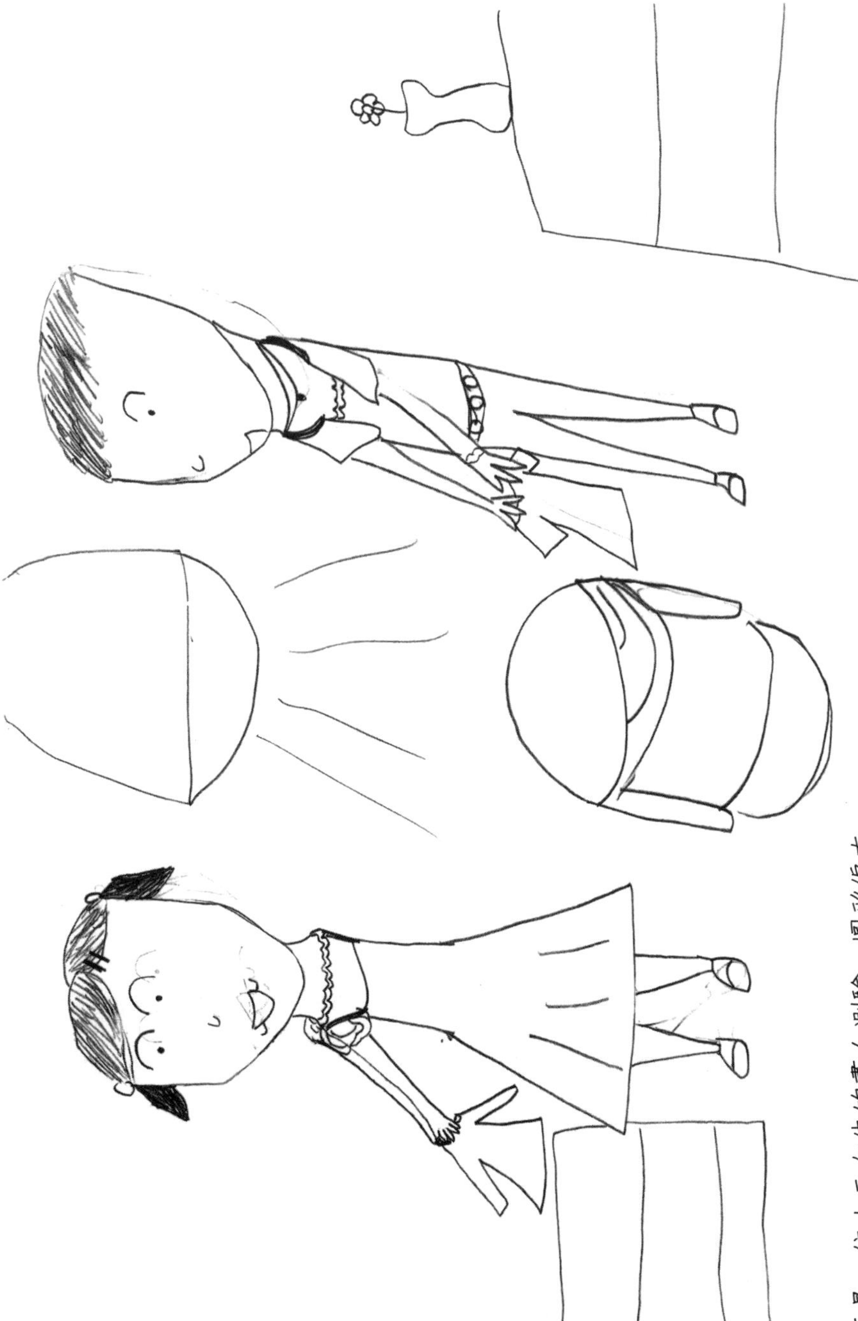

這是一位小二女生的畫人測驗。圖形偏大，背景豐富，表示喜歡表現；好像在表達某種故事情境，可能有情緒困擾的問題。服飾成熟、精緻，社會成熟度高。有早熟的情況。

這是一位小二女生的畫人測驗。大小適中，強調眼睛，表示配合度高，是一個貼心的孩子。頭髮有陰影，有來自人際的困擾。服飾成熟，社會成熟度高，是一個懂事的女生。

這是一位小二女生的畫人測驗。
圖形偏小，筆觸重、有許多背景，表示缺乏安全感，有壓抑、焦慮的困擾。女生強調頭部及眼睛、穿著女性化，是一個愛打扮、女性特質強、又貼心的孩子。

六 小學三年級兒童的畫人範例

小三兒童延續小二兒童的繪圖發展而更加成熟，能描繪出姿勢、表情及服飾特色，開始發展兩性角色，尤其女生普遍發展得比男生早，男生還未學會對異性表達興趣的方式。

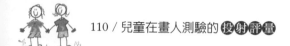

這是一位小三男生的畫人測驗。繪畫筆觸偏重，男生拿槍，兩人戰鬥，表示他固執、壓抑、具有攻擊性。頭髮有陰影、五官簡化，人際關係可能不佳，應該有情緒困擾的問題。

這是一位小三男生的畫人測驗。圖形適中，線條平整，表示自我約束高、順從、遵守社會規範、做事較缺乏彈性。兩人有些距離，表示與女生相處會保持一定的尊重。

這是一位小三男生的畫人測驗。圖形偏大，線條稍亂，表示自信心高但自我約束差。兩人互鬥、手攜武器，表示有攻擊傾向，比較不尊重女生。身體及手腳簡化，表示消極，未能發揮自我功能。頭部及五官簡化，表示人際關係較弱，開口；表示樂觀多話。

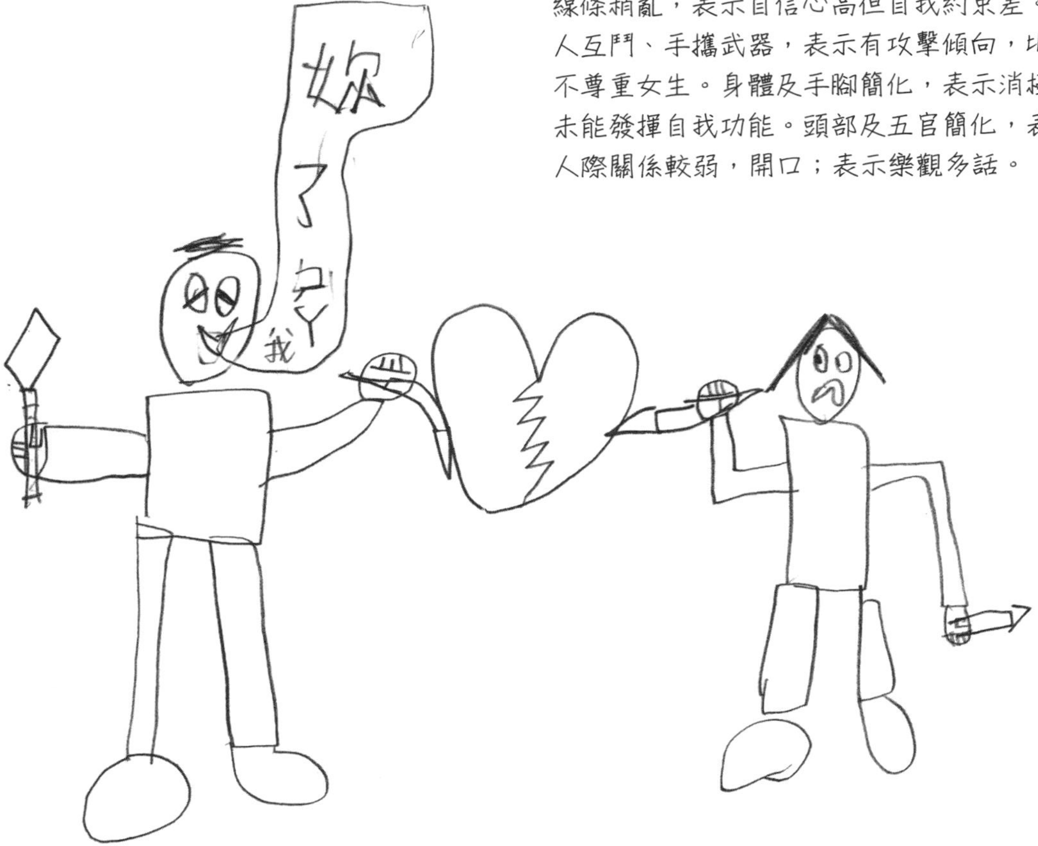

這是一位小三男生的畫人測驗。圖形偏小，缺乏自信。兩人互鬥、手攜武器，表示具有攻擊傾向。女生頭髮有陰影，表示女生可能會帶給自己心理上的壓力。五官簡化，身體手腳也簡化，自我功能不佳，人際關係較差。

這是一位小三男生的畫人測驗。圖形偏小，兩人距離遠，有人際疏離、自卑的傾向。頭髮有陰影，眼睛鬥雞眼，嘴角未帶笑容，表示人際關係不佳，內心不快樂。女生畫得怪異，對女生比較沒有概念，也沒有興趣。

這是一位小三男生的畫人測驗。圖形偏小，缺乏自信，但兩人距離近，親和力高。頭髮有陰影，兩眼如豆，人際關係不佳。男生身體有陰影、簡化，表示個性壓抑、焦慮，未發揮自我功能。

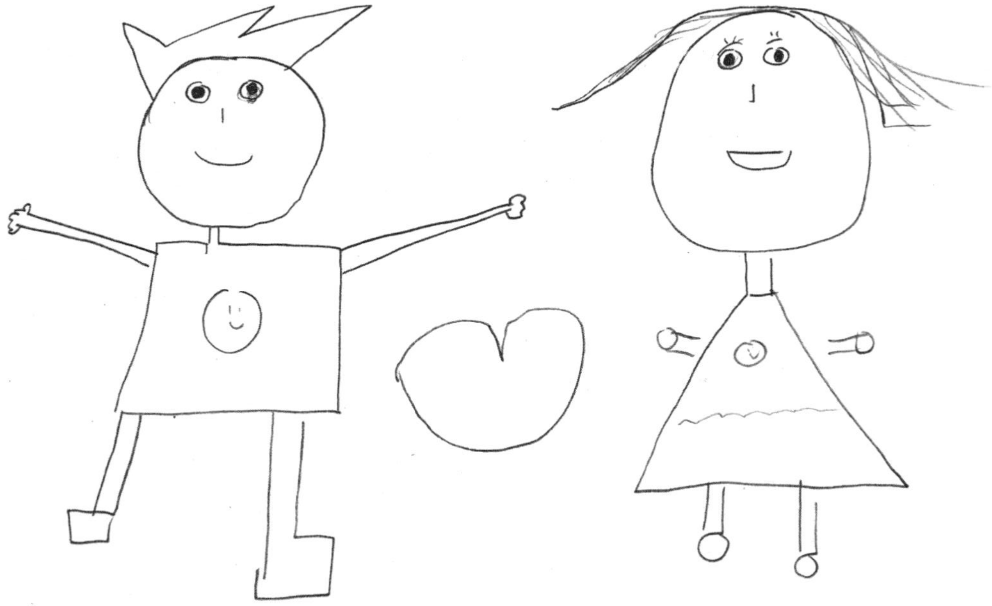

這是一位小三男生的畫人測驗。圖形偏大，表示自信心高；身體簡化、男生四肢稍長，表示他想法單純，但活動力高。有畫愛心，個性溫和、慈愛，對女生尊重。

這是一位小三男生的畫人測驗。線條稍亂、筆觸偏重、有畫運動場景，表示他不喜束縛，愛好運動，較為固執，可能有情緒困擾的問題。修飾多，做事重視細節。眼睛空洞，畫大耳朵、大嘴巴，表示不擅長人際關係，在意別人對自己的評價。

這是一位小三男生的畫人測驗。圖形適中，強調頭部、人形可愛，是一個遵守社會規範。順從、配合度高的男生，重視人際的關係。女生畫得比男生大，表示尊重、喜歡女生。頭髮有陰影，兩眼如豆，表示情緒表現直接，不善人際技巧。

這是一位小三男生的畫人測驗。圖形偏小，距離極遠，表示他有人際疏離的傾向、對女生有抗拒。頭髮有陰影，強調頭部，嘴巴沒有笑容，不擅處理人際關係，因此造成心情不愉快。

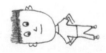

這是一位小三女生的畫人測驗。線條較亂，強調頭部，自我約束不高，但人際關係不錯。凸顯眼睛，表示同理心高，是一個貼心、可人的女生，男女差異明顯，已發展出性別角色的認同，不喜歡有攻擊性的男生。手較簡化，未能發揮自我功能。

這是一位小三女生的畫人測驗。大小適中，表示順從性、配合度高，但紙張有對摺印痕，人我利益區隔明顯。頭髮有陰影，有來自人際的負擔。強調兩眼，同理心高，是一個貼心的女生。

這是一位小三女生的畫人測驗。圖形偏大，品質高，精細度佳，表示有自信心、聰明、有藝術天分。頭髮有陰影，眼睛空洞，表示自視高，人際關係不佳。服飾修飾精緻，做事重視細節，要求完美。

這是一位小三女生的畫人測驗。大小適中，但頭部及身體簡化，智能較差、自我約束不足。有畫太陽、雲、生物和花草，表示不喜束縛，喜愛大自然。女生較大，服飾沒有修飾、褲裝，表示她的個性中性，做事不仔細，自我中心較強。

這是一位小三女生的畫人測驗。畫多個人、布滿整張紙，背景豐富，可能有衝動、專注力不足等問題。情緒不穩、起伏很大，但應該是一個貼心、討人喜歡的女生。

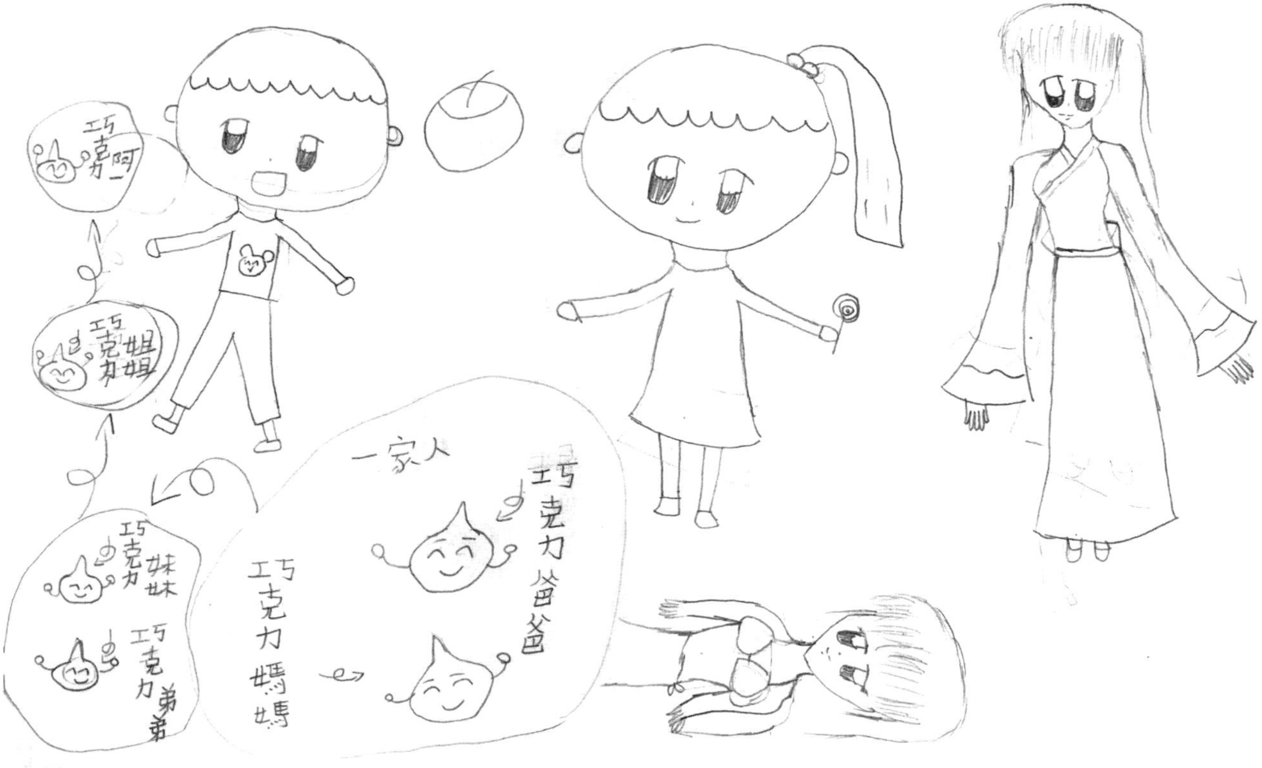

這是一位小三女生的畫人測驗。圖形偏小，缺乏自信，但女生稍大，自我中心較強。頭髮有陰影，有來自人際的困擾。開口，表示開朗多話。服飾表現成熟、女性化，表示她女性特質強，喜歡被重視。

這是一位小三女生的畫人測驗。大小適中，強調頭部，有整體美感，表示她遵守社會規範、人際關係好、有藝術天分。男女外型差異大，已發展兩性的角色，女性特質強。有畫愛心，喜歡被關愛。線條整齊，自我約束高。

這是一位小三女生的畫人測驗。圖形稍小，遵守社會規範，女生偏大，自我中心較強。女生頭髮有陰影，兩個大黑眼珠，對人際的關係執著，有來自社交的壓力。修飾多，做事重視細節，但行動力較差。

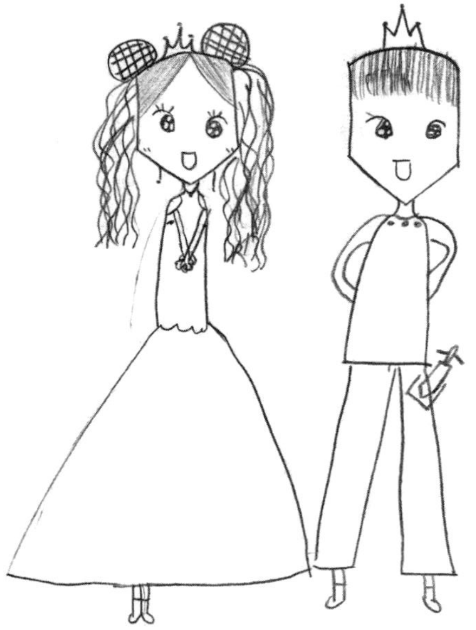

這是一位小三女生的畫人測驗。圖形適中，強調頭部，遵守社會規範，重視人際關係。強調眼睛、開口，是一個同理心高、貼心、多話的女生。兩人距離近，男女差異大，表示她親和力強，女性特質強，已發展兩性角色。四肢比例小，未能發揮自我功能。

這是一位小三女生的畫人測驗。圖形偏大，自信心高，鋸齒線條，缺乏安全感。線條品質佳、精細度高，表示她聰明、要求完美，做事重視細節。男女差異大，服飾成熟，表示社會成熟度高，已發展兩性的角色。眼睛一睜一閉，是一個貼心、幽默的女生。

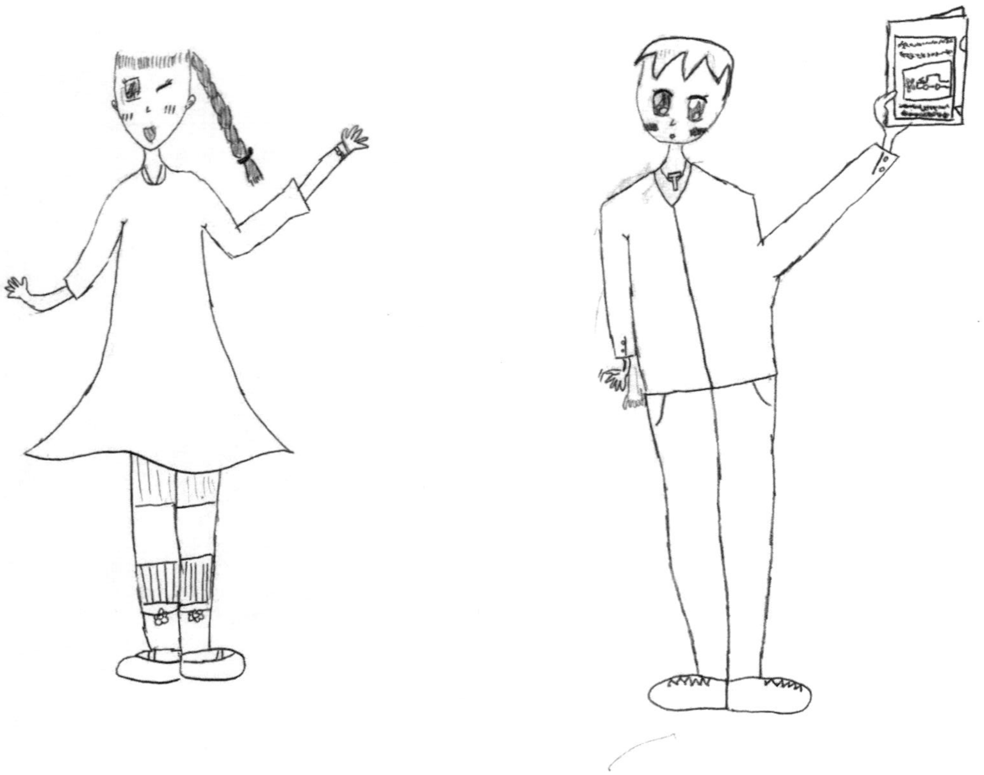

七 小學四年級兒童的畫人範例

小四兒童在繪圖發展已趨穩定成熟，能描繪出繪畫的含意和兩人的互動，服飾的特色呈現更趨明顯，兩性發展更趨成熟。陰影、場景、怪異代表情緒的象徵。

這是一位小四男生的畫人測驗。大小適中，服飾有特色，喜愛運動，社會成熟度高，物質慾望較強，尤其重視鞋子。線條不亂，遵守社會規範。男女分辨清楚，已發展出兩性角色的認知。

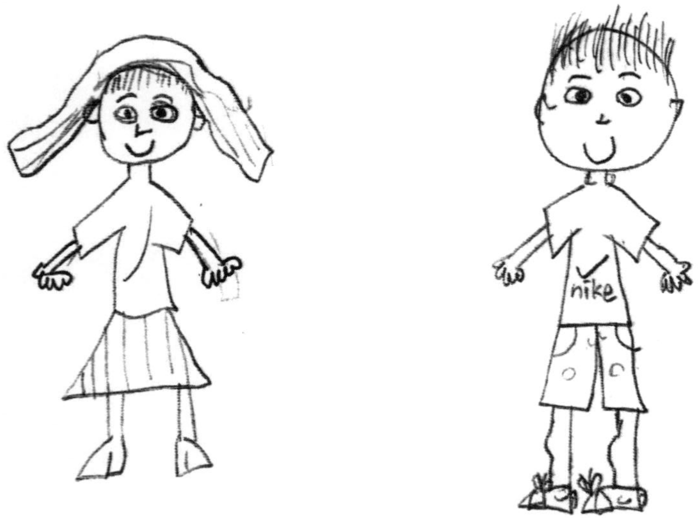

這是一位小四男生的畫人測驗。大小適中，沿下緣畫，缺乏安全感。沒有服飾修飾，做事不重細節。線條不亂，遵守社會規範，不具攻擊性。強調腳部，行動力佳。

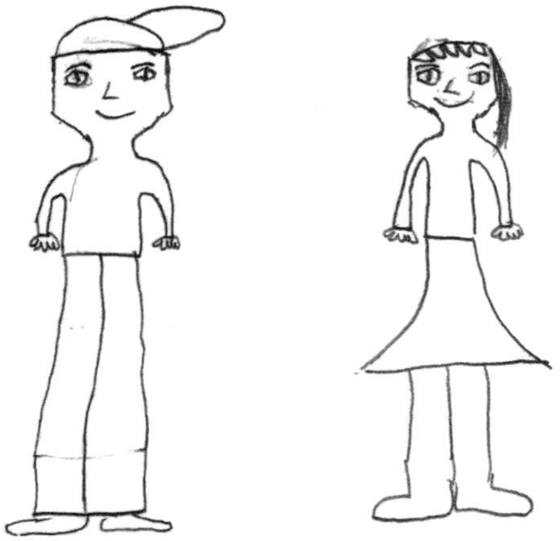

這是一位小四男生的畫人測驗。圖形偏大，背景豐富，自信心高，有藝術天分。強調頭部，頭髮有陰影，大嘴巴，露牙齒，耳朵明顯，表示重視人際關係，但有口語攻擊、多話，有來自人際的困擾。男女手牽手，表示需要陪伴。

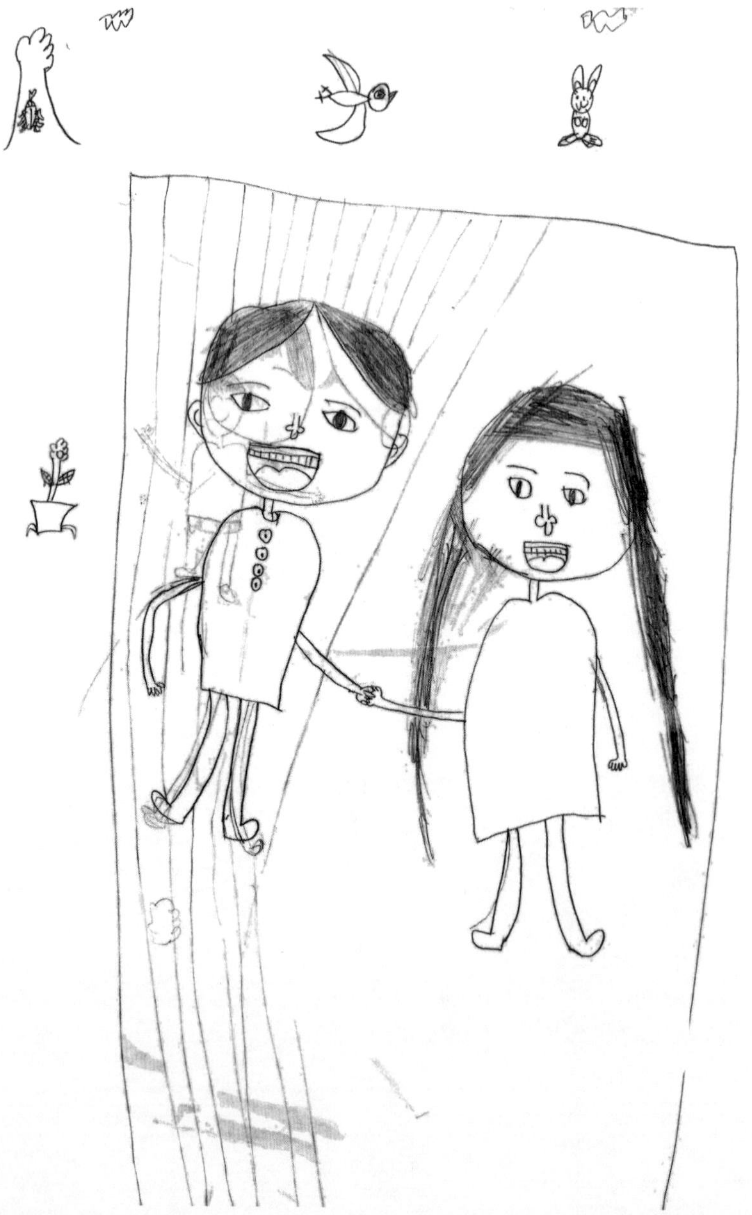

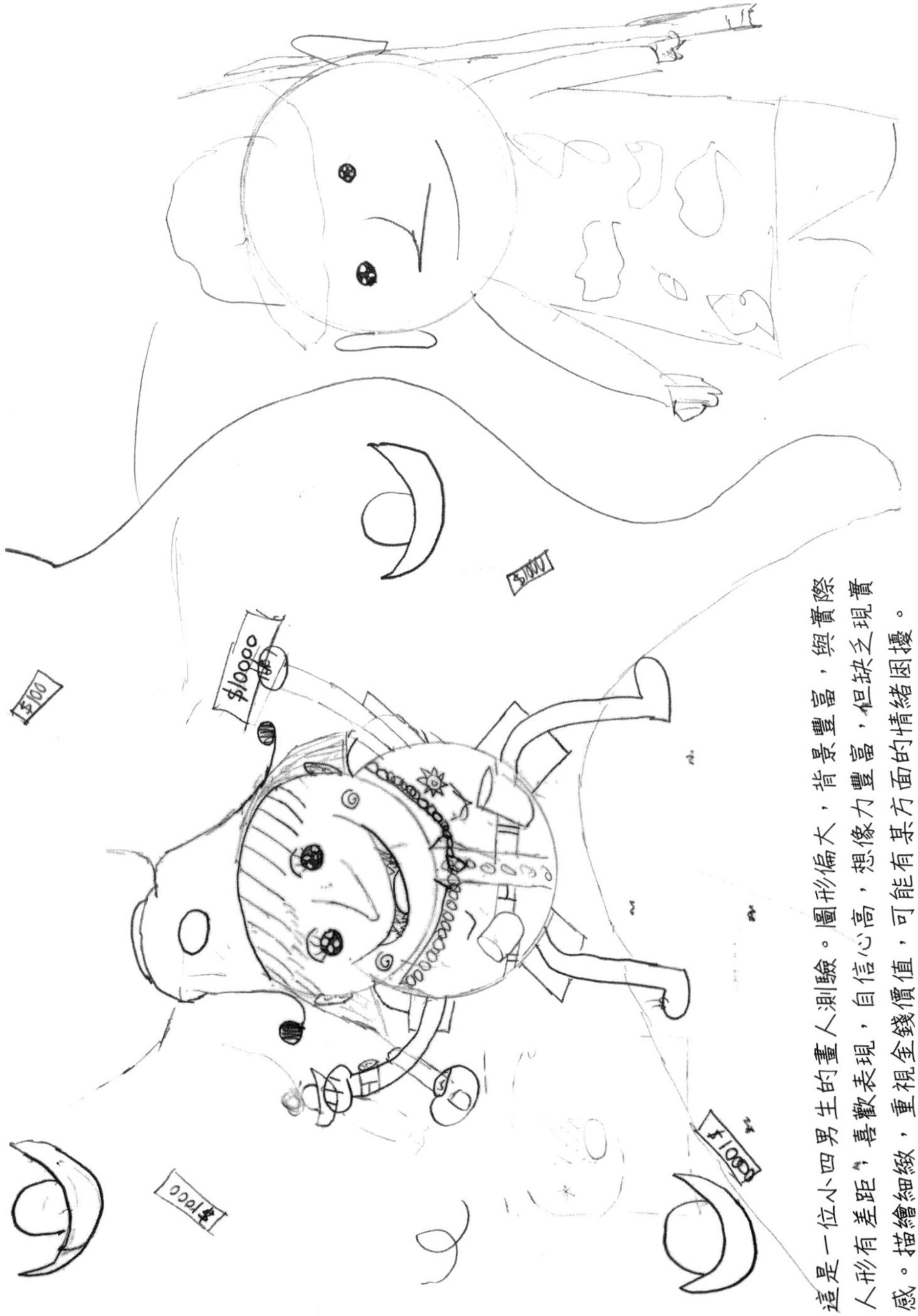

這是一位小四男生的畫人測驗。圖形偏大，背景豐富，與實際人形有差距，喜歡表現，自信心高，想像力豐富，但缺乏現實感。描繪細緻，重視金錢價值，可能有某方面的情緒困擾。

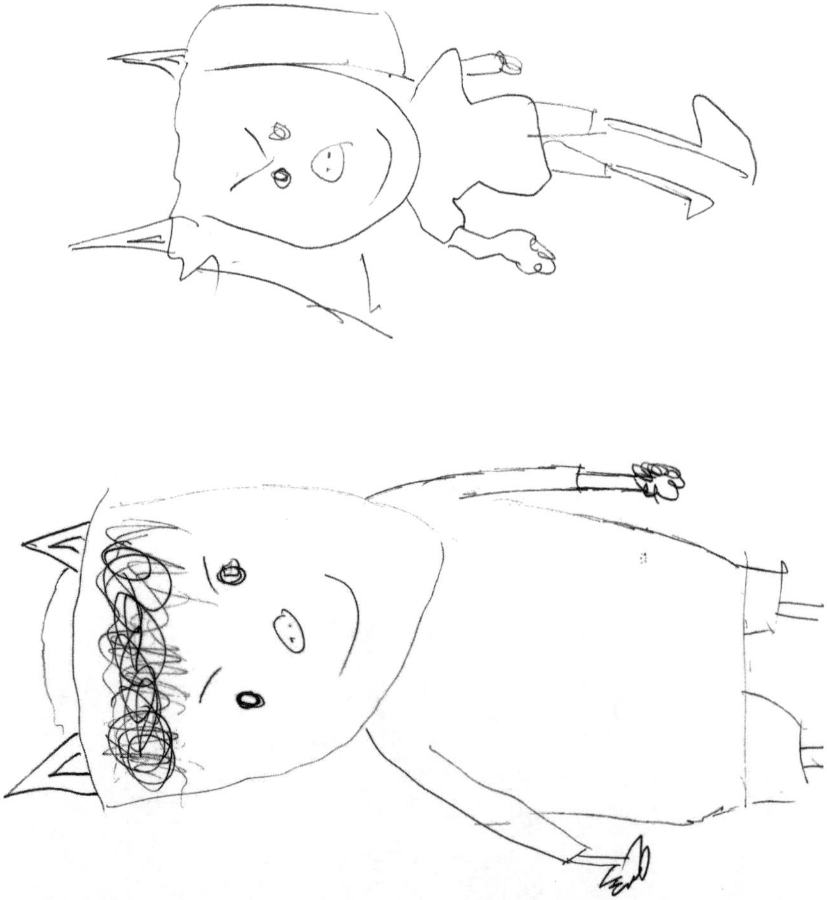

這是一位小四男生的畫人測驗。圖形偏大，自我中心強。筆觸輕，需要肯定。人形描繪與實際有差距，現實感低，社會成熟度差。

這是一位小四男生的畫人測驗。圖形偏小，缺乏自信，線條整齊，自我約束高。沿下緣線畫，缺乏安全感。強調眼睛，是一個貼心的男生。

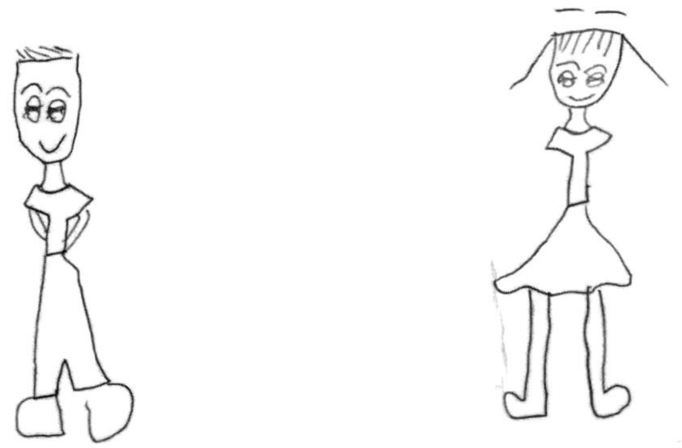

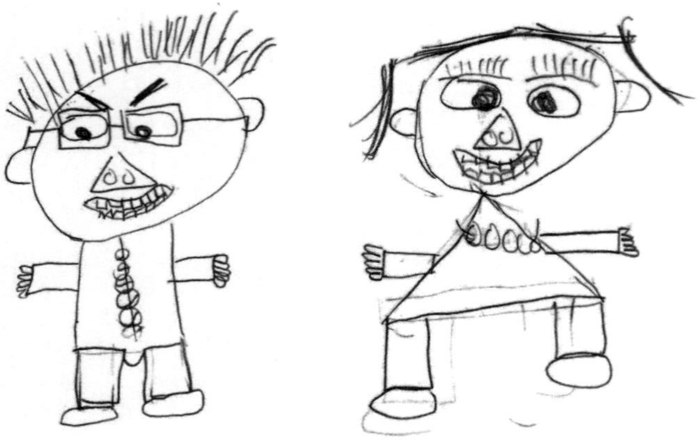

這是一位小四男生的畫人測驗。強調頭部及五官，表示重視人際關係，心境較為老成，露牙齒，有口語攻擊。大耳朵，重視別人對自己的評價。

這是一位小四男生的畫人測驗。人形偏大，強調頭部，自信心高，重視人際關係，同理心高，是一個樂觀、開朗、多話的男生。男女外型明顯區隔，性別角色已發展成熟。線條整齊，描繪細緻，表示自我約束高，社會成熟度高。

這是一位小四男生的畫人測驗。男女外型明顯，服飾描繪細緻，兩性角色已發展成熟，社會成熟度高，做事重視細節。頭髮有陰影，大耳朵，大眼睛，嘴角不帶笑容，表示有來自人際的困擾，觀察敏銳度高，在意別人對自己的評價，內心不愉快。男女中間畫一條分隔線，表示與異性關係權益分明。

這是一位小四男生的畫人測驗。線條品質佳、描繪細緻，個性要求完美、做事重視細節。頭髮有陰影，有來自人際的困擾。大嘴巴，是一個開朗的男生。背景豐富，有藝術天分，不喜束縛。男女之間有無數個愛心，表示對異性感興趣。有畫基底線，表示缺乏安全感。

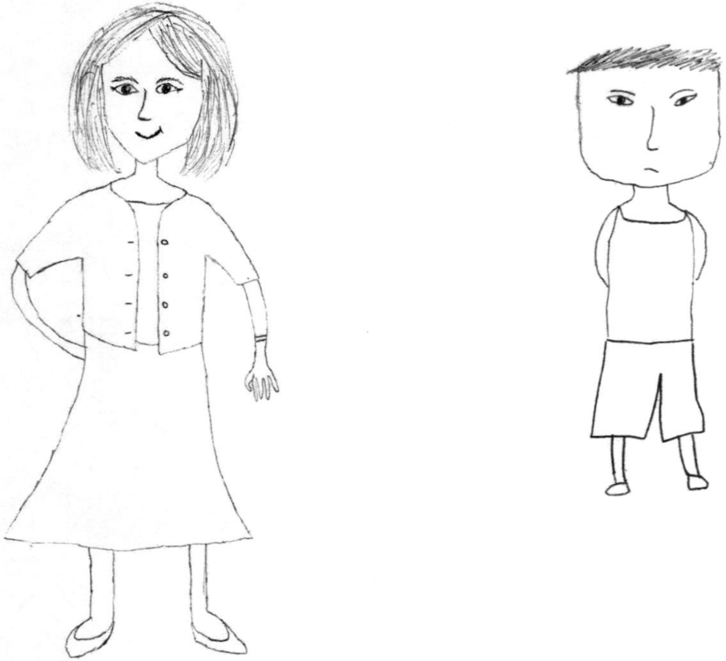

這是一位小四女生的畫人測驗。大小適中，女生畫的比男生大，服飾成熟，並有一排釦子，表示社會成熟度高，比一般同年齡的女生思考成熟許多，可能有貶抑男生的情況，受媽媽的影響較大。男女區隔清楚，已發展兩性角色的認知。頭髮有陰影，有人際社交的負擔。眼睛描繪細緻，同理心強，是個懂事、早熟的女生。

這是一位小四女生的畫人測驗。圖形偏大，服飾修飾細緻，整體美感佳，表示自信心高，社會成熟度高，有藝術天分，兩性發展成熟，女性特質強，對異性感興趣，重視形象，喜歡打扮自己，是一個貼心幽默的女生，重視男生外表及事業成就。

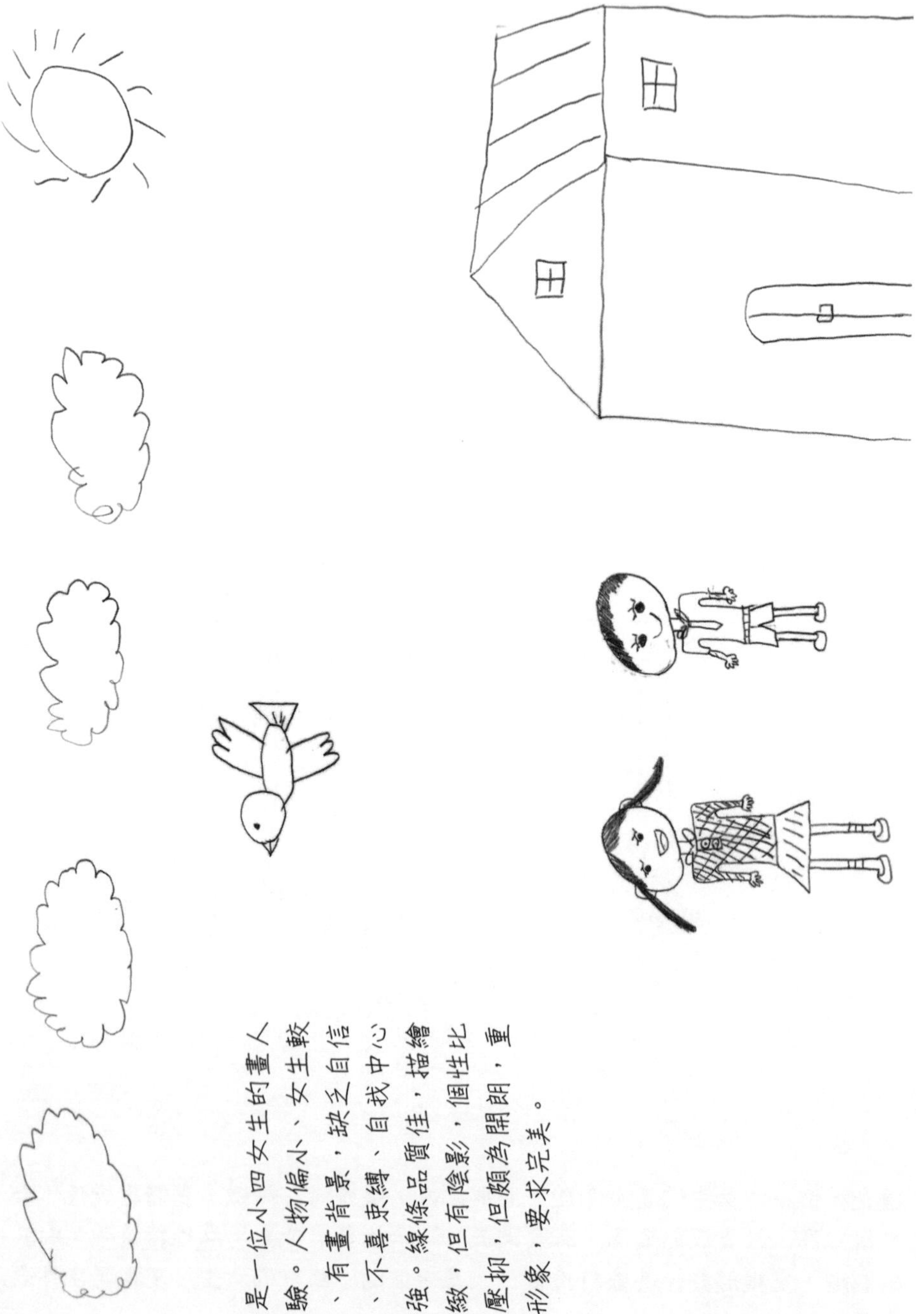

這是一位小四女生的畫人測驗。人物偏小、女生較大、有畫背景，缺乏自信心、不喜束縛、自我中心較強。線條品質佳，描繪精緻，但有陰影，個性比較壓抑，但頗為開朗，重視形象，要求完美。

這是一位小四女生的畫人測驗。大小適中，有畫背景，不喜束縛。男女區分明顯、女生畫得較大、牽手，表示兩性發展已成熟，女性特質強，比較自我中心，喜歡有人陪伴，重視形象，是一個貼心、可人的女生，但可能有一些情緒的問題。

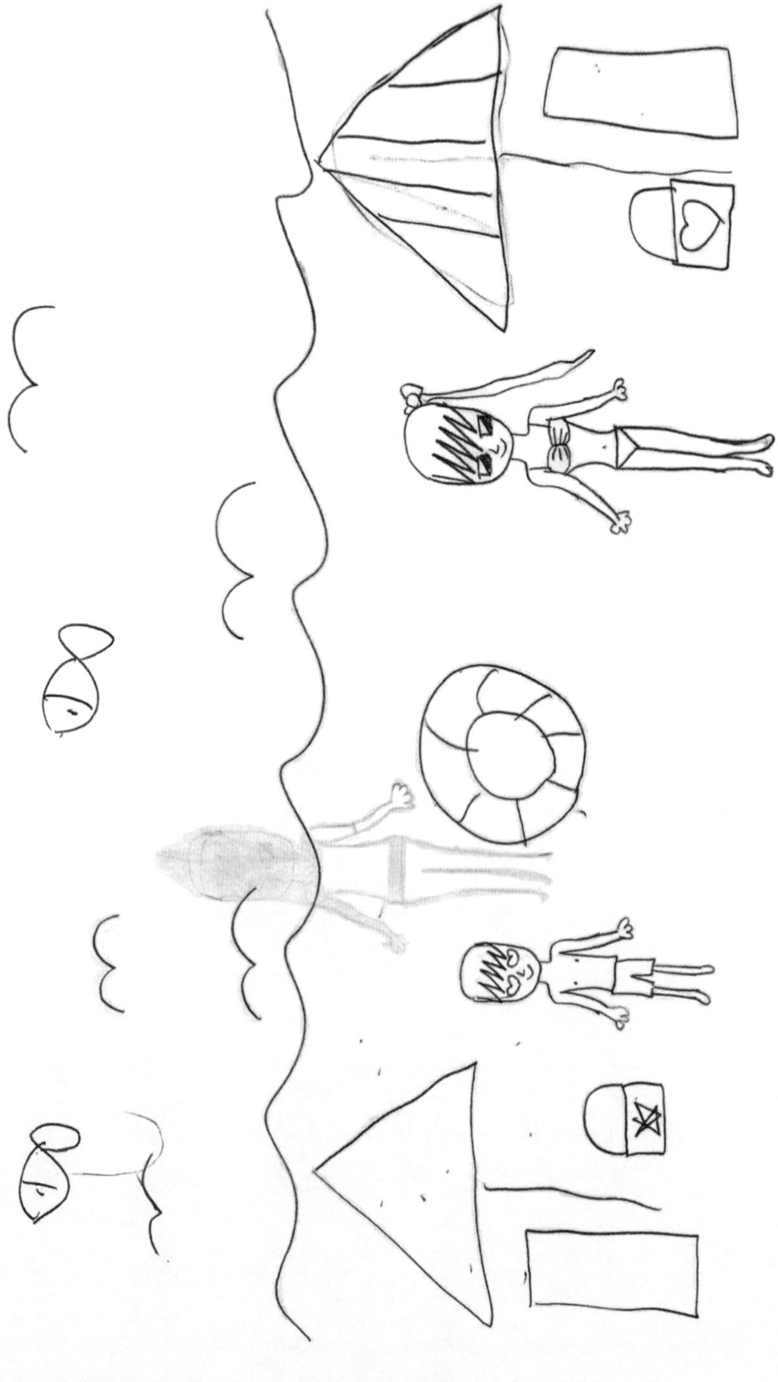

這是一位小四女生的畫人測驗。男女筆觸極重，線條不亂，背景豐富，表示固執壓抑，堅持己見，有藝術天分。男女有距離、身著泳裝，表示異性需求強，但又不敢表現出來，是一個重視人際關係、貼心的女生。

這是一位小四女生的畫人測驗。線條整齊、筆觸重、修飾細緻，表示要求完美，有強迫性格，做事重視細節。頭髮有大量陰影，美少女大眼睛、大嘴巴，是一個貼心、樂觀、多話的女生，但有來自人際的困擾，重視形象，女性特質強，有異性需求。

這是一位小四女生的畫人測驗。女男上下呈現，對異性有兩極的個性。男女服飾描繪明顯，已發展兩性的角色。女生側面，大眼睛，表示觀察敏銳度高，主觀意識強，不易採納他人的意見。

這是一位小四女生的畫人測驗。圖形偏小，強調頭部，大耳朵，兩眼如豆，強調手部，重視人際關係，在意別人對自己的評價，情緒表達直接，配合度高，順從性強，執行能力佳，未來是一個好員工型的女生。

這是一位小四女生的畫人測驗。圖形偏小，身體簡化，表示缺乏自信，自我功能不佳。強調頭部，重視人際關係。智能發展較為緩慢，社會成熟度差。

這是一位小四女生的畫人測驗。圖形偏小，有重複線，線條品質佳，描繪細緻，服飾成熟，表示需要他人的肯定，多慮，自我約束高，做事重視細節，社會成熟度高，有藝術天分。男女服飾明顯區隔，中間畫一條分隔線，性別角色已發展成熟，與異性關係權益分明。頭髮有陰影，美少女大眼睛，是一個貼心的女生，但有來自人際的負擔。

八 小學五年級兒童的畫人範例

小五兒童在繪圖發展已穩定成熟，開始有兩性角色的認同，由男女服飾顯現出來。一般而言，女生兩性發展較早熟，社會成熟度也明顯較高，情緒問題較少。

這是一位小五男生的畫人測驗。人物偏小，品質不佳，頭部、身體簡化，缺乏自信心，自我約束差，自我功能不佳，智能發展較一般同齡兒童慢，社會成熟度差。頭髮有陰影，五官不明顯，表示人際關係不佳。手部比例較長，掌控性大。

這是一位小五男生的畫人測驗。人物偏小，沿左邊界畫，男上女下，筆觸極重，線條品質尚可，表示缺乏自信，缺乏安全感，尚未發展兩性的角色，個性壓抑、固執、可能有焦慮的情緒困擾。

這是一位小五男生的畫人測驗。線條品質不佳，男生畫得較大，表示自我約束差，自我中心強，不喜歡女生。五官不明顯，大耳朵，有帶武器，表示人際關係差、具攻擊性，又很在意別人對自己的評價。身體四肢簡化，缺乏自我功能。

這是一位小五男生的畫人測驗。大小適中，男女服飾類似，表示遵守社會規範，自我約束高，配合度高，順從聽話，男女角色尚未分化。女生畫得較大，尊重女性。頭髮有陰影，兩眼如豆，不擅長人際，情緒表現直接。

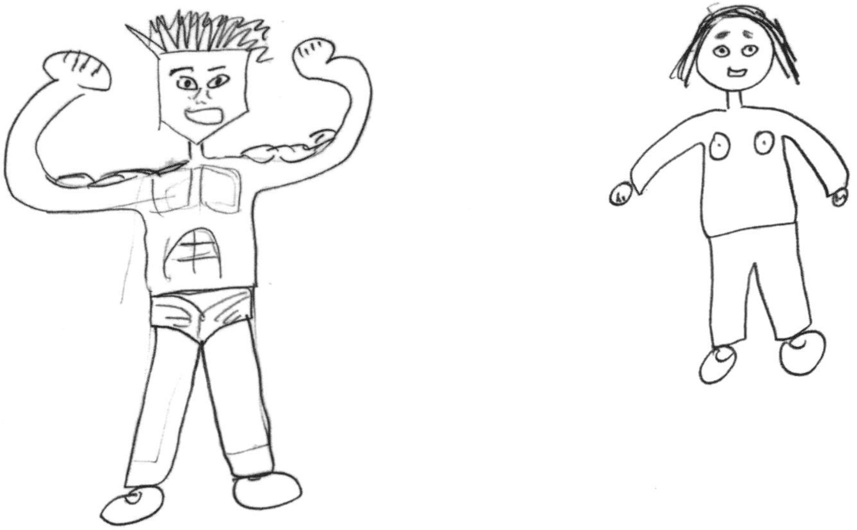

這是一位小五男生的畫人測驗。大小適中，男生畫得較大，畫出性別特徵，表示大男人主義，異性需求高，性方面有早熟的傾向。手臂比例較長，掌控性高，情緒表現較為誇張。

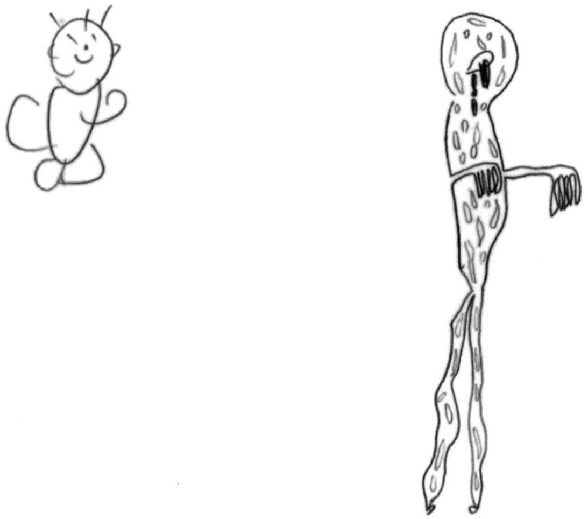

這是一位小五男生的畫人測驗。人物描繪不清，男生簡化、線條品質差；女生怪異，自我概念差。不喜歡人，人際關係差，適應能力不佳。不喜歡女生，對女生刻意扭曲貶抑，異性會帶給自己焦慮、不安，有情緒困擾問題。

這是一位小五男生的畫人測驗。大小適中，人形簡化，但沒有亂線，自我概念差，社會成熟度差，有自閉的情緒困擾。

這是一位小五男生的畫人測驗。大小適中，筆觸偏重，線條不亂，男生稍大，表示遵守社會規範，個性固執、壓抑，自我中心強。頭髮有陰影，強調耳朵，兩眼如豆，有來自人際的困擾，重視別人對自己的評價。

這是一位小五男生的畫人測驗。圖形小，筆觸輕、品質不佳，表示缺乏自信、社會成熟度差、適應能力差。男女類似，表示性別角色尚未分化，身體四肢簡化，表示自我功能不佳。沒畫腳，行動力差。

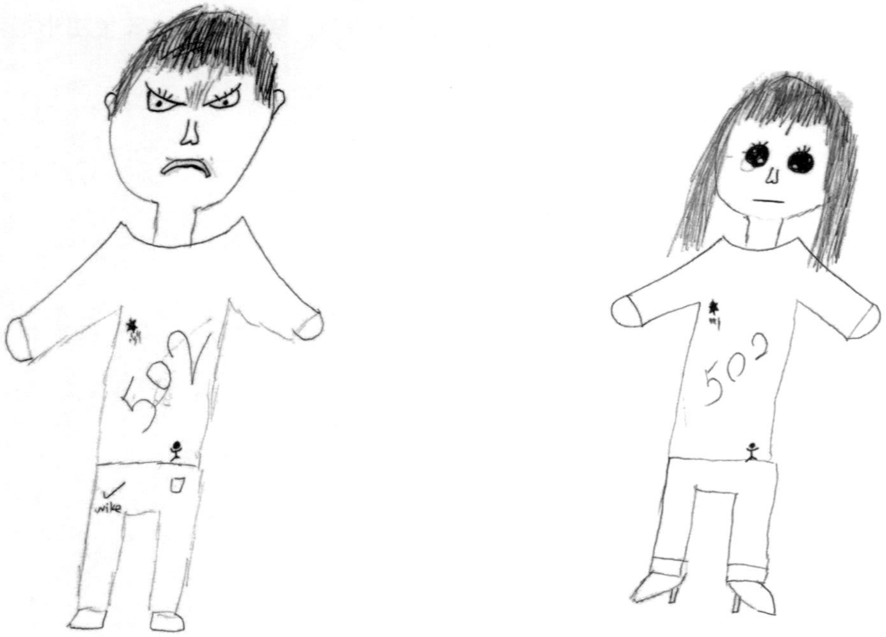

這是一位小五男生的畫人測驗。大小適中，筆觸輕，男生有重複線，表示自我定位不清。強調頭部、頭髮有陰影、五官筆觸重、嘴巴往下彎、表情怪異，表示人際關係不佳，憤世嫉俗，內心悲觀，個性老成，在意別人對自己的評價。

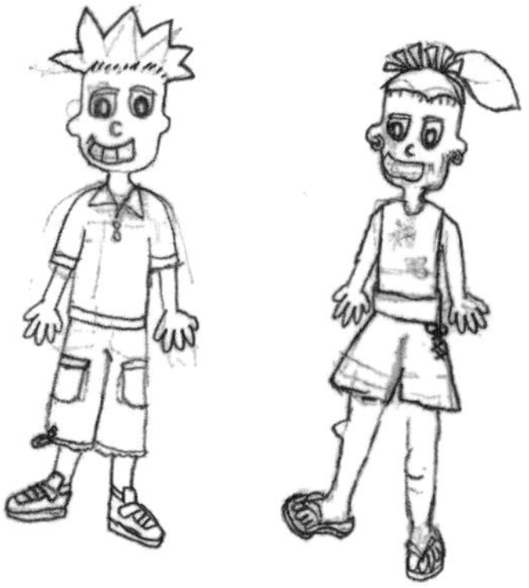

這是一位小五女生的畫人測驗。大小適中、人物描繪精緻、線條品質佳、筆觸偏重，表示遵守社會規範、做事重視細節、個性壓抑、要求完美，有藝術天分。大眼睛、大嘴巴，表示觀察敏銳度強，多話。

這是一位小五女生的畫人測驗。強調頭部、頭髮有陰影、大眼睛、耳朵明顯、線條不亂，表示她對人際關係要求高、同理心高、遵守社會規範。重視別人對自己的評價，有來自人際的困擾。男女有區分，已發展性別角色。

這是一位小五女生的畫人測驗。圖形偏大，強調頭部，缺乏修飾，表示自信心高，重視人際關係，做事不重細節，喜歡表現。女生頭髮有大量陰影，有社交的負擔。

這是一位小五女生的畫人測驗。人物大小適中，兩人距離接近，線條品質佳，修飾精細，表示遵守社會規範，人際親和力高，做事重視細節。頭髮、衣服有陰影，兩眼如豆，處理人際互動缺乏彈性，個性壓抑、焦慮。

這是一位小五女生的畫人測驗。圖形偏大，有重複線，表示自信心高，有多慮的情況。頭髮有大量陰影，眼睛簡化，不擅處理人際互動，有來自人際的困擾。服飾整齊，成就需求高，要求完美，社會成熟度高。

這是一位小五女生的畫人測驗。人物偏大，筆觸重，美少女畫法，表示自信心高，個性壓抑，要求完美，過於理想化。強調頭部，頭髮有大量陰影，水汪汪大眼睛，表示她是一個為人著想、重視人際關係、常因自己表現不夠好而困擾的女生。

這是一位小五女生的畫人測驗。圖形偏大，線條品質佳、描繪精細，表示自我概念高，自信心強，做事重視細節，遵守社會規範。耳朵明顯，重視別人對自己的評價。兩人接近，親和力強。

這是一位小五女生的畫人測驗。男女有區分，已發展性別的角色，圖形偏小，對自己缺乏自信；但線條品質佳，遵守社會規範。頭髮有陰影，耳朵明顯，重視別人對自己的評價，有人際上的困擾。

這是一位小五女生的畫人測驗。大小適中，線條品質佳、描繪精細，表示遵守社會規範，自我約束佳，做事重視細節。頭髮有陰影、眼睛簡化、表示有來自人際的困擾；開口，表示開朗多話。男女區分明顯，表示性別角色發展成熟，異性需求強，喜歡被人關愛。手的比例較長，掌控性高。

這是一位小五女生的畫人測驗。大小適中，服飾成熟，表示社會成熟度高，比一般同年齡的女生早熟。男女區隔明顯，性別角色發展成熟，異性需求強。有畫背景，不喜束縛。

九 小學六年級兒童的畫人範例

小六兒童的畫人表現，已經能透露出人格的表徵，也略能顯現他們的性向潛能。普遍來說，男生正值青春期，情緒受其影響較女生大，因此繪畫表現變異性大。

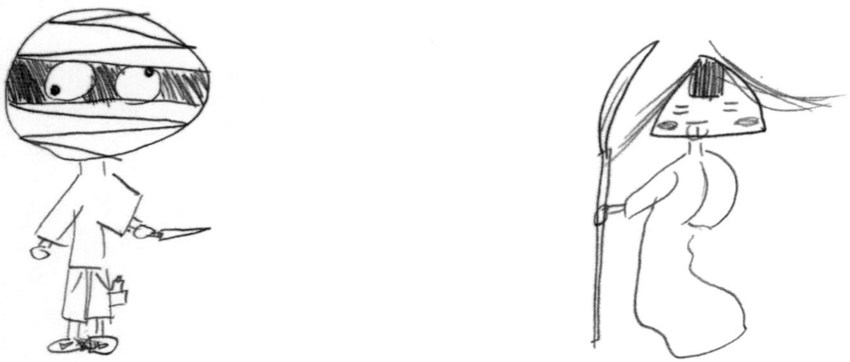

這是一位小六男生的畫人測驗。兩人有些距離，表示不喜歡接近女生，甚至有抗拒的傾向，缺乏對女生的概念。人物圖形怪異，精細度佳，人際有些疏離，現實感弱。手持武器，具攻擊傾向，內心有不安的感覺。

這是一位小六男生的畫人測驗。圖形偏小，筆觸偏重，表示缺乏自信心，有壓抑及人際疏離的情況。頭髮有陰影、兩眼空洞、嘴巴沒有笑容，表示人際關係不佳、內心不快樂、適應能力不佳。

這是一位小六男生的畫人測驗。線條品質不佳、強調耳朵、頭髮有陰影、大嘴巴、露牙齒、眼睛明顯，表示自我約束差，在意別人對自己的評價、有來自人際的困擾、樂觀、但有口語攻擊、觀察敏銳度高。光腳，大手掌，是一個實務操作能力佳的男生。

這是一位小六男生的畫人測驗。圖形大，線條品質佳、描繪細緻、強調頭部，表示自信心高、成就需求高、重視物質慾望，是一個社會成熟度高、自我約束佳、重視人際關係的男生。女生缺五官，表示對女生不感興趣。

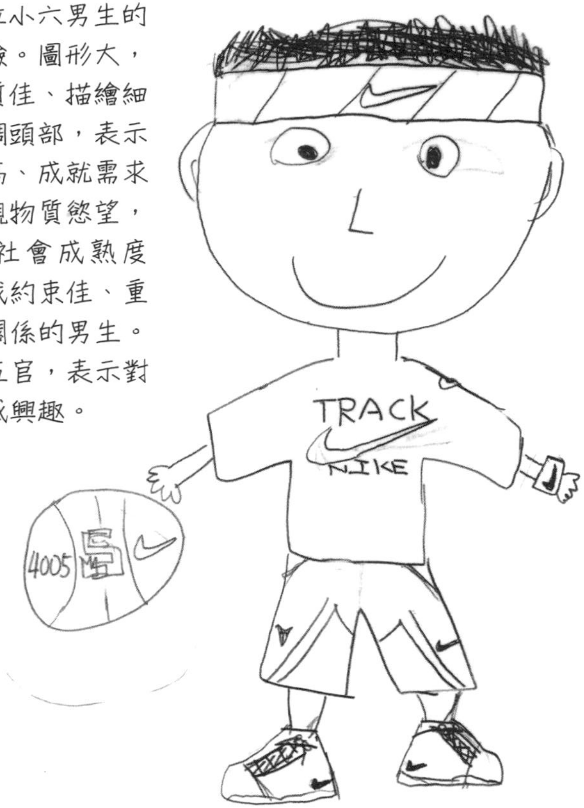

這是一位小六男生的畫人測驗。線條品質佳、描繪細緻、人形偏大，表示自我約束高，社會成熟度高，做事重視細節，頗有自信。男女外型明顯區隔，已發展兩性角色。大口，不帶笑容，表示多話，但內心不愉快。女生頭髮有陰影，表示異性會帶給自己負擔。

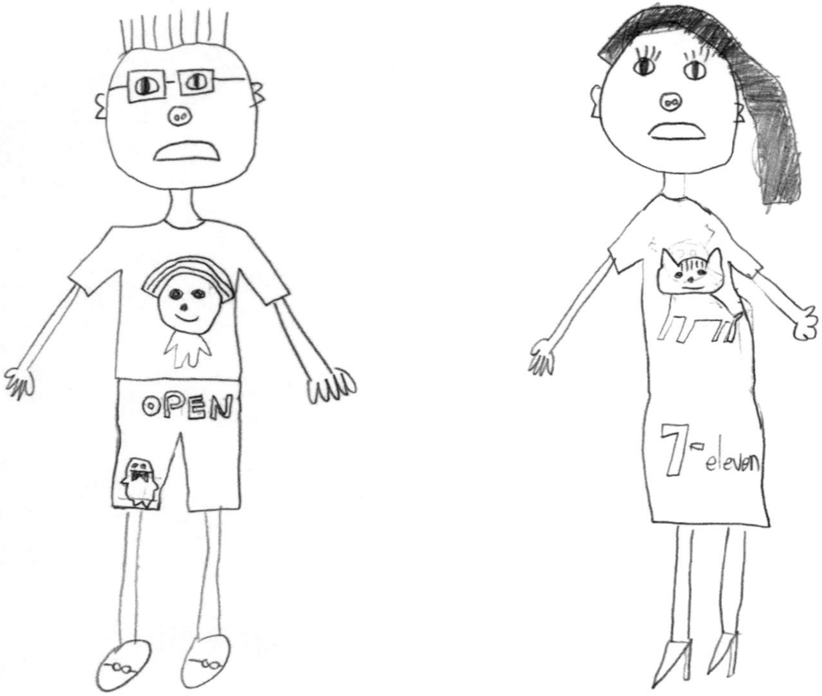

這是一位小六男生的畫人測驗。圖形偏小、繪畫偏右、線條簡單、身體簡化，表示缺乏自信，情緒有時不穩，思考單純，自我功能不佳，有適應不良的問題。

這是一位小六男生的畫人測驗。強調頭部、身體簡化，大耳朵、眼睛空洞，表示重視人際關係，在意別人對自己的評價，人際技巧不佳，自我功能差，社會成熟度不高。

這是一位小六男生的畫人測驗。人形偏大、五官簡化、頭髮有陰影，表示頗有自信，但不喜歡複雜的人際關係。手部偏小、大腳，表示執行能力不佳，但行動力高。女生畫得較大，大嘴露牙齒，表示他尊重女性，但覺得女生較為強勢。

這是一位小六男生的畫人測驗。人形偏小、線條品質佳、描繪細緻，表示自我約束高，做事重視細節，社會成熟度高，但不堅持己見，配合度高。強調頭部及眼睛，重視人際關係，觀察敏銳度高。

這是一位小六男生的畫人測驗。圖形偏大，表示自信心高。筆觸重，較為固執。強調眼睛，觀察敏銳度高，是一個樂觀、多話的男生。女生畫得較大，重複線多，頭髮有陰影，表示尊重女性，但會帶給自己較大壓力。

這是一位小六女生的畫人測驗。圖形偏大，線條品質不佳，強調頭部、眼睛，頭髮有陰影，閉眼睛，男女身體相似，表示自信心高，但不喜束縛，觀察敏銳度高，重視人際關係，在意別人對自己的評價，因而有人際負擔，男女角色尚未發展。

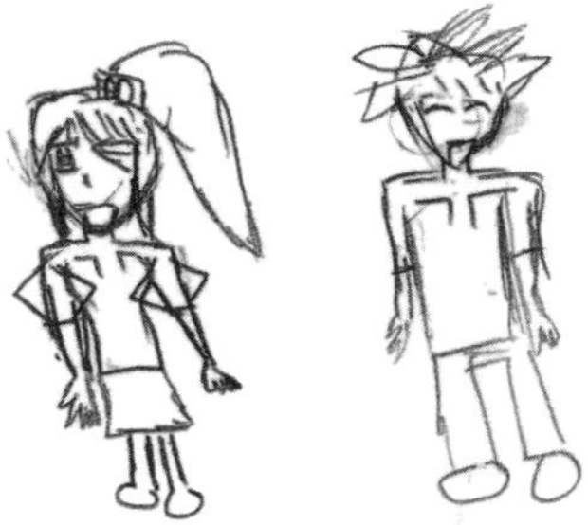

這是一位小六女生的畫人測驗。圖形偏小，筆觸重，有重複線，表示自信心不足，有焦慮、多慮的情況。兩人接近，親和力強。手指形狀尖銳，有攻擊傾向。眼睛一睜一閉，頭部修飾成熟，人際技巧高，不喜束縛。

這是一位小六女生的畫人測驗。圖形偏大、有重複線，像是要表達某種含意的場景，表示自我概念高，但思考複雜、多慮，可能有情緒困擾的問題。服飾表現成熟，女生外型優雅，表示她女性特質強，想像力豐富，社會成熟度高。

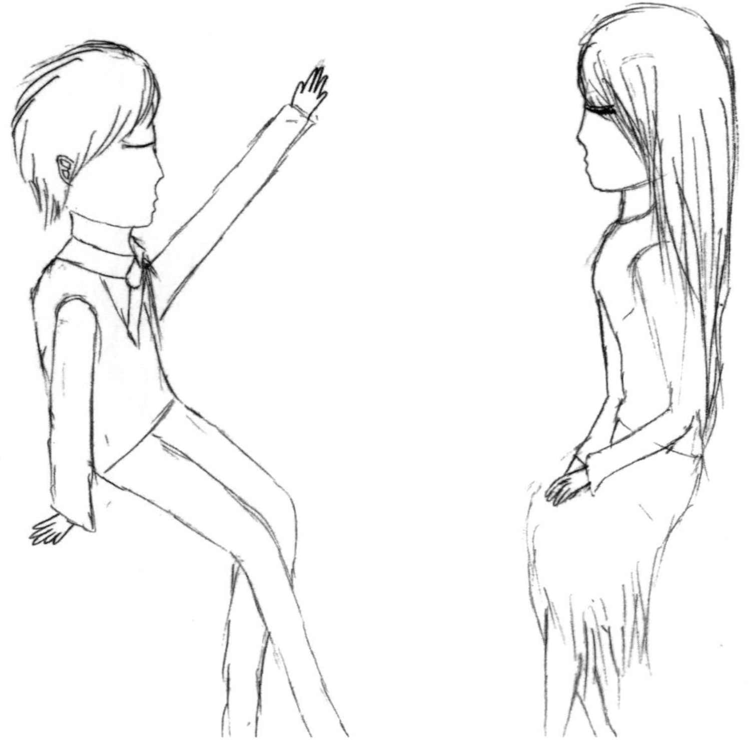

這是一位小六女生的畫人測驗。圖形大、線條品質佳、修飾精細，表示自信心高，喜歡表現，做事重視細節、要求完美。男女服飾區隔明顯，衣服款式成熟，表示她的社會成熟度已超越一般同齡女生；現實感高，異性需求強。

這是一位小六女生的畫人測驗。圖形偏小、兩人接近、有重複線、繪圖表現優美，表示她親和力強、有些多慮，是一個溫柔、婉約、貼心、女性特質強的女生。描繪人物姿勢呈現她含蓄、成熟的女性特質。

這是一位小六女生的畫人測驗。圖形偏大、女生畫得較大、兩人稍有距離，表示她有自信心、獨立自主，有一點女強人的架勢。頭髮有陰影、強調眼睛，是一個貼心的女生，但可能有來自人際的困擾。

這是一位小六女生的畫人測驗。人形偏小、卡通畫法、線條品質佳、強調頭部，五官及身體簡化，與實際人形有差距，表示缺乏自信、太理想化、重視人際關係，但又不喜歡理會別人的評價，自我功能不佳，社會成熟度不足。

這是一位小六女生的畫人測驗。圖形偏小、線條品質佳、描繪細緻，表示缺乏自信，但自我約束高，做事重視細節，不堅持己見，配合度高，有藝術天分。男女服飾區隔明顯，距離接近，已發展兩性角色，親和力高，未來是一個順從的好員工。

這是一位小六女生的畫人測驗。女生人形偏大、男生偏小，頭髮有陰影、服飾成熟、缺畫手腳，表示獨立自主，有女強人的傾向，且對男生有貶抑的觀感，社會成熟度高，但有來自人際的困擾，有藝術天分，兩性角色已發展成熟，缺乏成就感，有焦慮傾向。

這是一位小六女生的畫人測驗。圖形偏小，表示缺乏信心。線條品質佳、描繪精緻，表示自我約束高，要求完美，社會成熟度高，做事重視細節。男女服飾區隔明顯，距離接近，兩性角色已發展成熟，對異性感興趣。強調眼睛，是一個貼心的女生。

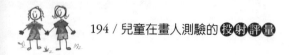

5

情緒困擾兒童的畫人解釋

畫人測驗在情緒困擾的探討行之已久，許多研究也都肯定畫人測驗在兒童治療上的功效。畫人測驗除可幫助家長或老師更深入瞭解兒童的內心世界及需求外，更可透過畫人測驗透析孩子的性向潛能、人際關係、情緒狀態、適應能力、社會成熟度、兩性發展，甚至親子關係等面向。總之，畫人測驗是一個很適合運用於兒童輔導的友善性評量工具。投射性畫人測驗不僅是一個可發揮破冰效果的輔導技術，更是一個能有效降低社會期許及自我防衛的心理測驗。特別針對小學的孩子們，繪畫本身即充滿樂趣，不易被拒絕。而少數抗拒畫人的兒童，通常表示他們都有某種嚴重程度的人際問題。

Goodenough（1926）研究曾證實兒童繪畫裡怪異的特徵顯然與其行為特質有所關聯。作者也曾針對有情緒困擾的小學生探索其在畫人測驗的表現，並與一般同年齡同性別之配對組比較，結果顯示情緒困擾兒童在畫人測驗的表現呈現較多的陰影、情景和怪異的整體指標。以下針對這三項情緒指標做一詳細敘述。

陰影

Koppitz（1984）曾指出陰影代表情緒抑鬱、精神緊張、壓力和焦慮。Naglieri（1988）也指出陰影是情緒障礙的指標，如褲襠、手、腳的陰影。過去研究也指出（朱錦鳳，2010b），不僅是孩子，大學生也一樣，陰影代表壓抑及焦慮的情緒問題。作者同時也針對特定部位的陰影有不同情緒困擾的解釋（朱錦鳳，2008），例如，當陰影出現在頭髮或頭部時，表示有人際交往的焦慮或負擔；當陰影出現在人物描繪的輪廓時，表示對自己能發揮的功能和社會適應有憂鬱的情況；當陰影出現在手或腳時，對自己的執行力及行動力可能有焦慮及壓抑的情況；若陰影出現在褲襠的位置，則表示有性方面的壓抑及焦慮。

情景

情景意味著除人物以外的額外意義，可能涉及某些姿勢、景物、動作或互動等。涉及情景的人物描繪經常會隱含著某些可理解的外顯意涵。例如，他們可能會打棒球、在沙灘上漫步、在遊樂場玩樂、開車、運動或打架等。情景可顯示他們偏愛的活動、難忘的經歷，或特殊的記憶。Naglieri（1988）也曾將「基底線」情景視為一種缺乏安全感的指標。Koppitz（1984）也曾提到，在畫人測驗中加畫太陽的青少年表示他們較具攻擊性。此外，以往的研究也發現，出現情景在畫人測驗可能表示缺乏控制的、具有想像力、自我中心或誇大的個性（朱錦鳳，2009、2010b）。針對情緒困擾小學生之畫人測驗研究的確也發現，有情緒困擾的兒童明顯比一般正常兒童更頻繁畫出有意義的情景。

怪異

事實上，怪異可能包含很多種情況。不同的怪異狀況也反映不同的情緒困擾（朱錦鳳，2008）。例如，兒童畫沒有臉的人物表示他們不喜歡人際互動，或者他們缺乏技巧來處理人際關係；沒畫手或腳的人物可能顯示他們缺乏自我功能或有生活適應的困難；畫裸體人物，可能顯示他們有過度的性慾或性異常（朱錦鳳，2010b）。Koppitz（1984）也曾提及，兒童畫制服或佩戴武器的人物表示他們具有攻擊性或缺乏安全感，他認為若畫刀、武器或身體防護設備的兒童，可能表示他們心裡感到害怕而需要保護。Koppitz 還發現，畫出兩個以上人物的兒童，他們可能具有與其他人不同的內心世界及不切實際的想法。此外，Koppitz 也發現，畫怪物的兒童可能顯示在他們的現實生活中有暴力的經驗，或他們有衝動的性格使他們感到不安，而希望成為一個強悍的人來保護自己免受危險。

目前國小正常班級都會有少數比例的情緒困擾兒童。常見國小兒童的情緒問題有過動症、自閉症、憂鬱、焦慮、人際困擾、情緒障礙、發展遲緩等。他們的畫人測驗各具特色，但通常畫人的特色是「陰影」、「場景」和「怪異」。以下針對已有症狀或被診斷出的各類情緒困擾兒童，其畫人測驗表現分述討論如下。

一 過動兒童的畫人範例

過動兒的外顯行為主要是衝動及專注力不足的症狀。過動的兒童，他們繪畫的線條品質較差，經常畫出兩個以上的人物或特別的場景、姿勢與動作。

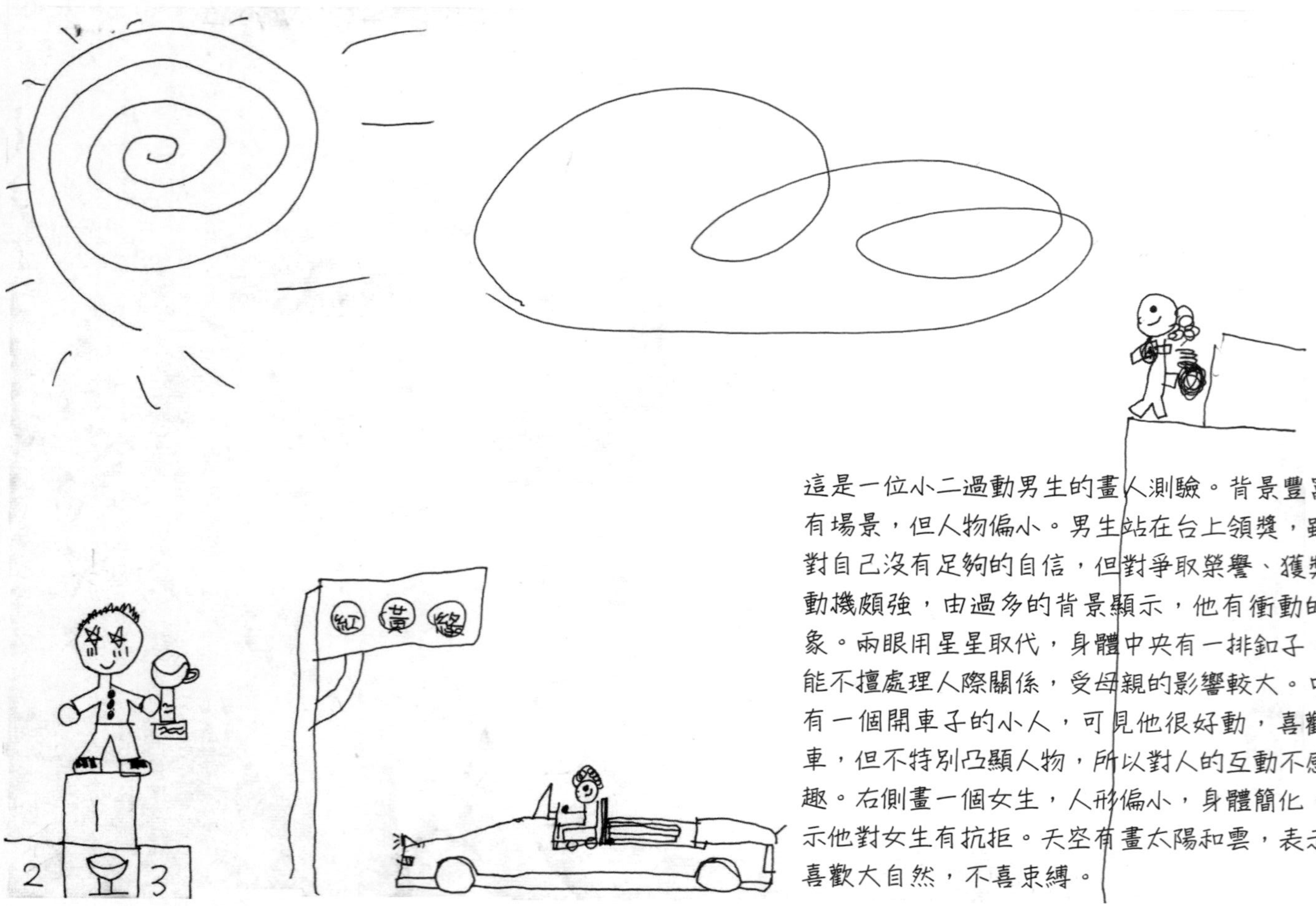

這是一位小二過動男生的畫人測驗。背景豐富、有場景，但人物偏小。男生站在台上領獎，雖然對自己沒有足夠的自信，但對爭取榮譽、獲獎的動機頗強，由過多的背景顯示，他有衝動的現象。兩眼用星星取代，身體中央有一排釦子，可能不擅處理人際關係，受母親的影響較大。中間有一個開車子的小人，可見他很好動，喜歡汽車，但不特別凸顯人物，所以對人的互動不感興趣。右側畫一個女生，人形偏小，身體簡化，表示他對女生有抗拒。天空有畫太陽和雲，表示他喜歡大自然，不喜束縛。

這是一位小二過動男生的畫人測驗。男生眼睛空洞，身體簡化，頭髮有陰影，表示人際關係不佳，自我功能差，中間畫一排釦子，受母親的影響較大。女生畫在右邊、偏小，身體簡化，顯示他不喜歡女生。畫三個小人，中間一部汽車，似乎對人不感興趣，成就需求不高，有衝動的傾向。

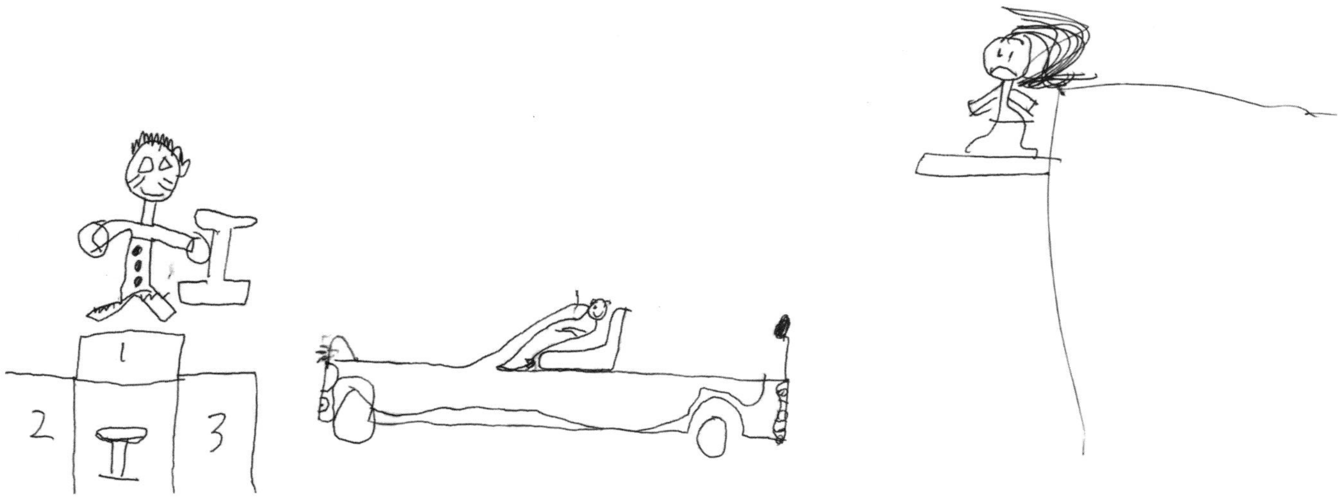

這是一位小一過動男生的畫人測驗。背景豐富，有太陽、雲，和許多花草、蝴蝶，有衝動的傾向。男生頭髮及身體有許多陰影，大嘴，表示個性壓抑，缺乏安全感，有來自人際的困擾，但開朗、多話。

這是一位小三過動男生的畫人測驗。重複畫了三次兩個人，有衝動的情況。人形偏小，五官簡化，大嘴，表示缺乏自信，人際關係不佳，多話。筆觸重，個性固執。兩人距離接近，親和力強，男女角色未分化，尚未形成概念。

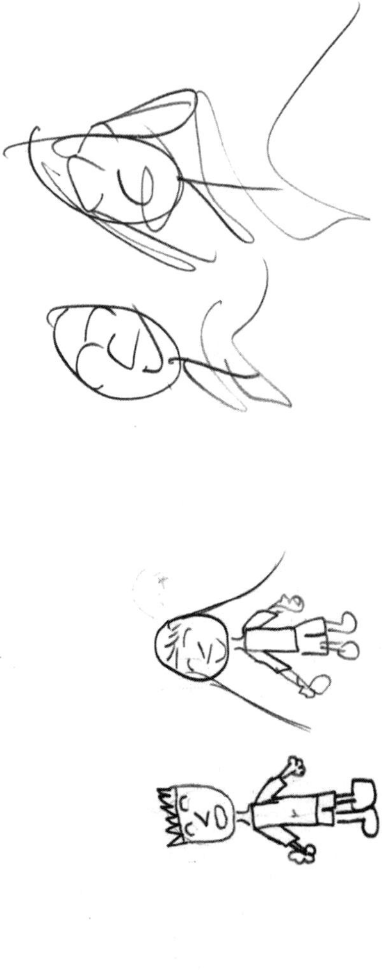

這是一位小三過動男生的畫人測驗。圖畫畫滿整張紙，人形怪異，線條品質差，表示有衝動傾向，活在自己的世界，與同儕想法差異很大，自我約束差，有情緒障礙的問題。眼睛空洞，大耳朵，表示人際關係差，但頗在意別人對自己的評價。手部比例偏長，掌控性大。

這是一位小二過動男生的畫人測驗。整張紙畫滿了許多人，有衝動傾向，但線條品質不差，表示自我約束不錯。圖形豐富，想像力佳，有創意。

這是一位小五過動男生的畫人測驗。線條品質佳，兩人有動作，在打球，表示他自我約束不錯，社會成熟度高，聰明，喜歡運動，有藝術天分，但筆觸很重，可能有情緒的困擾，個性固執、壓抑，可能有強迫行為。兩人都畫側面，表示主觀意識強，不易接受他人的建議。

這是一位小五過動女生的畫人測驗。線條品質佳，有場景，表示她是一個聰明、社會成熟度高，有創意天分的女生，但筆觸重，頭髮有陰影，表示人際社交會帶給自己一些心理負擔。眼睛用兩條線表示，表示她不想理會一般人的看法。上衣有一排釦子，領部有蝴蝶結，表示受母親的影響大，是一個自我約束高，成就需求高，觀念傳統的女生。

這是一位小二過動男生的畫人測驗。畫一隻大蝸牛，四個小人物，喜歡大自然，自信心不足，自我概念差。五官簡化，身體、四肢也簡化，表示他不喜歡與人互動，自我功能不佳，有適應不良的問題。

這是一位小五過動男生的畫人測驗。畫四個人，人形簡化、偏小，表示他社會成熟度不佳，自信心不足，缺乏成就需求，可能有適應不良的問題，自我功能差，有衝動的傾向。五官簡化，鬥雞眼，嘴角沒有笑容，不擅處理人際關係，內心不快樂。下圖女生露尖牙齒，男生外型怪異，情緒有不穩定的狀況。

二 攻擊性兒童的畫人範例

攻擊性兒童的症狀主要是有口語或肢體攻擊，有暴力傾向、缺乏同理心。攻擊性的兒童，他們繪畫的人物經常表現出器械、互鬥或尖指甲的象徵，筆觸深，有場景。

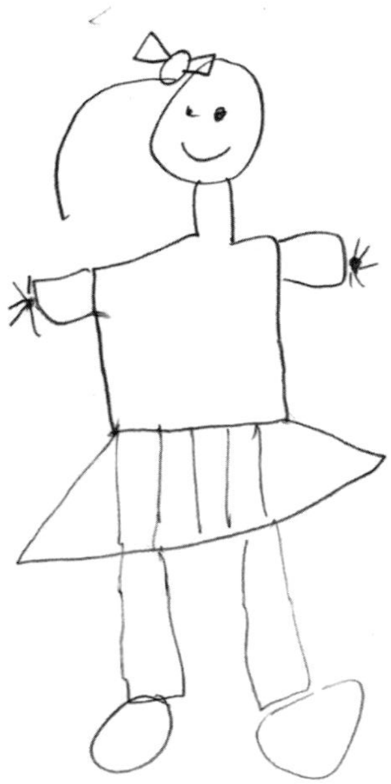

這是一位有攻擊性的小三男生的畫人測驗。人形偏大、手指尖銳、人形簡化，表示有攻擊傾向，社會成熟度不高，自我功能不佳。五官簡化，人際關係不佳，兩眼如豆，情緒表達直接。女生比男生大，是一個會尊重女性的男生。

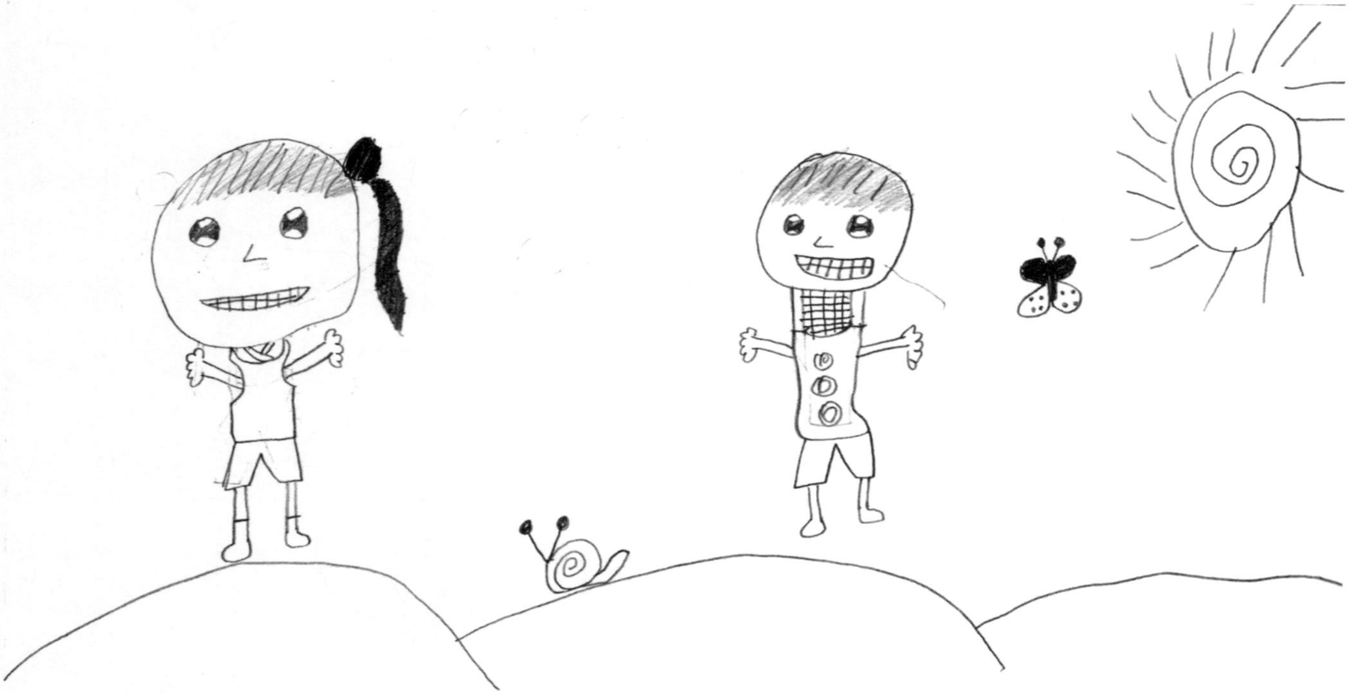

這是一位有攻擊性的小一女生的畫人測驗。線條品質佳，修飾細緻，背景豐富，表示自我約束高，聰明，做事重視細節，有藝術天分。筆觸重，頭髮有陰影，個性固執、壓抑，人際關係不佳。大眼睛，但露牙齒，是一個貼心的女生，但有口語攻擊。人形怪異，想法與別人不同。女生比男生大、有距離，自我中心強，與人相處有些抗拒。

這是一位有攻擊性的小三男生的畫人測驗。圖形偏大、強調頭部、頭髮筆觸深、有陰影，表示重視人際，但情緒表達太直接，導致人際關係不佳，帶給自己內心很大的負擔。眉毛深，大口露牙齒，表示容易抱怨，有口語攻擊。身體簡化，有適應不良的狀況。

這是一位有攻擊性的小三男生的畫人測驗。筆觸深，重複線多，尖下巴，尖鞋子，表示他個性固執、多慮、壓抑、叛逆，有攻擊傾向。頭髮有大量陰影，兩眼大且塗黑，大耳朵，與人相處執著，在意別人對自己的評價，有來自人際的困擾。男生畫得比女生大，男女外型區隔分明，已發展男女性別角色，有大男人主義的傾向。

這是一位有攻擊性的小四女生的畫人測驗。線條品質佳，修飾細緻，手舞足蹈，自我約束高，做事重視細節，但有情緒誇張的表現。頭髮有陰影，大眼，大口露牙齒，有來自人際的困擾，口語攻擊嚴重。男女角色已發展成熟，但對兩性關係有錯誤的價值，可能受父母的影響認為女性的身體表演可換取金錢。

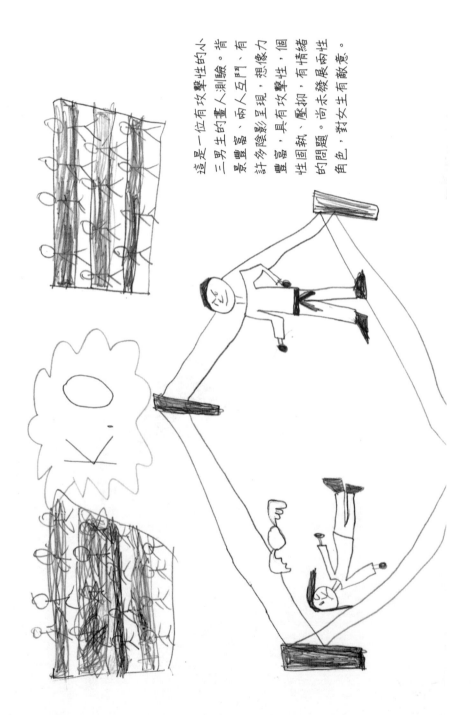

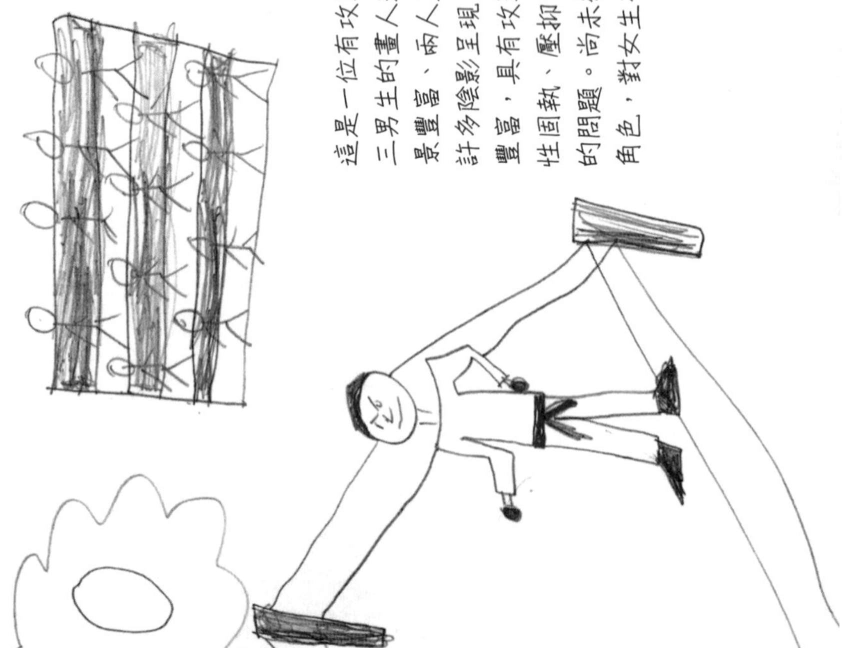

這是一位有攻擊性的小三男生的畫人測驗。背景豐富、兩人互鬥、有許多陰影呈現，想像力豐富，具有攻擊性，個性固執、壓抑，有情緒的問題。尚未發展兩性角色，對女生有敵意。

這是一位有攻擊性的小三男生的畫人測驗。線條品質兩極化，男生描繪細緻、露牙齒、眼神兇狠、帶武器；女生有大量陰影、線條品質不佳，表示他情緒不穩，做事重視細節，但有強烈的攻擊性，會欺負女生，憤世嫉俗，叛逆，但重視形象，社會成熟度高。

這是一位有攻擊性的小三女生的畫人測驗。線條品質佳、筆觸重、有許多陰影，表示自我約束尚可，個性固執、焦慮、壓抑、叛逆。男生頭部缺五官，塗黑，表示否定自己，缺乏自我概念。男女體型相似，兩性角色尚未區分。兩腳有陰影，表示行動力受壓抑。

這是一位有攻擊性的小五男生的畫人測驗。筆觸重，有許多陰影，兩人互動，個性固執、壓抑、焦慮、叛逆，喜歡運動。頭髮有陰影，人際關係不佳。大眼睛，是一個貼心的男生。大手掌，過度用手操弄事情，可能是用手調皮搗蛋或欺負別人。

這是一位有攻擊性的小六女生的畫人測驗。圖形偏大、背景豐富，只畫了一個女生，想像力豐富、有藝術天分，屬於喜歡表現，女強人型。女生描繪細緻、修飾多，表示自信心高、自我概念強、社會成熟度高、做事重視細節，大眼睛，美少女，是一個貼心、重視形象的女生。手指尖尖，有攻擊傾向。

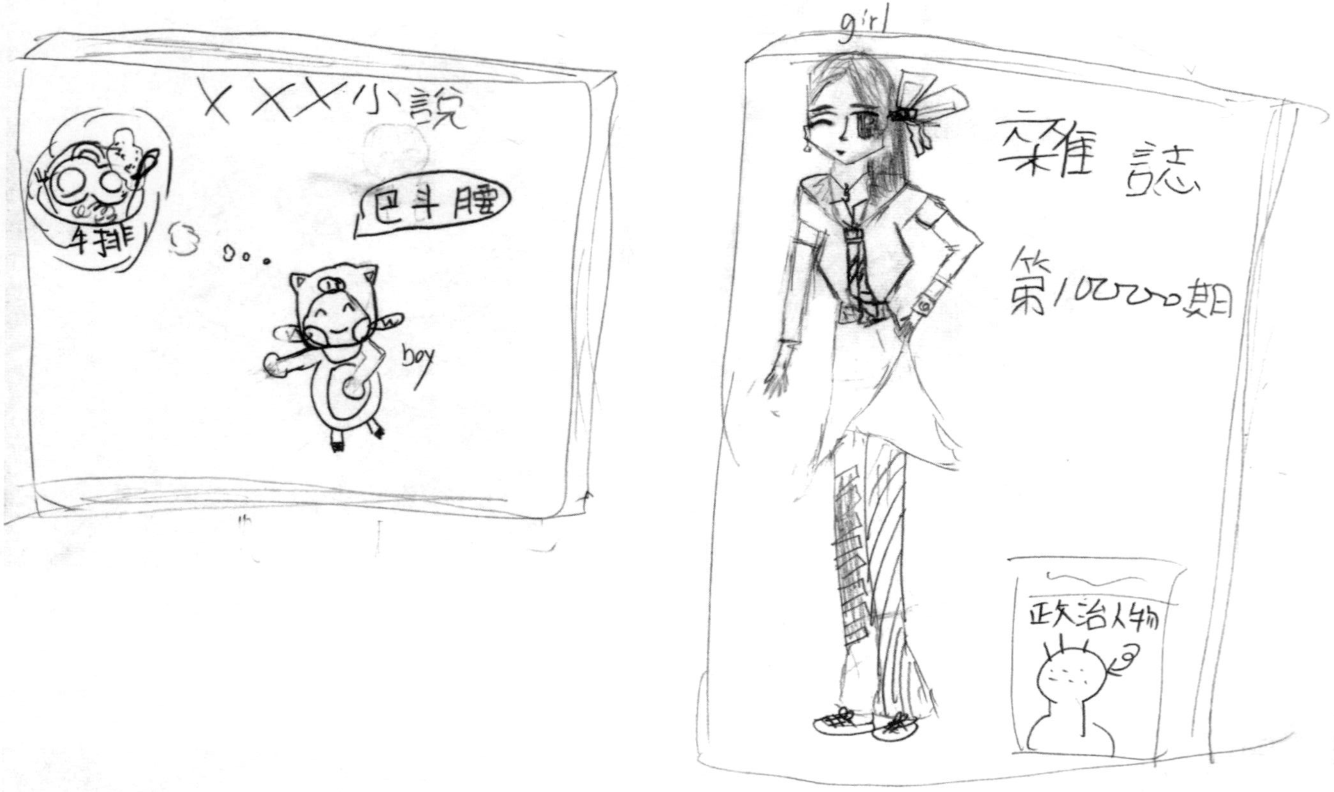

三 人際困擾兒童的畫人範例

人際困擾兒童的症狀主要是人際關係不佳、缺乏同理心。人際困擾的兒童，他們繪畫的人物，頭髮通常會有陰影、眼睛較為空洞。

這是一位有人際困擾的小二男生的畫人測驗。筆觸重、手腳簡化、頭髮有陰影，個性固執、叛逆，自我功能差，有來自人際的困擾。男女外型有區隔，已發展兩性角色，對異性感興趣。

這是一位有人際困擾的小三男生的畫人測驗。人形偏小、筆觸重、頭髮有陰影、有基底線，表示自信心不高，有來自人際的困擾，缺乏安全感。鬥雞眼、手持尖銳物品，表示同理心差、人際關係不佳、具攻擊性。男生畫得比女生大，對女生有貶抑、敵意的傾向。

這是一位有人際困擾的小一男生的畫人測驗。人形偏小，頭髮有陰影，身體、四肢簡化，自信心不高，自我功能差，有來自人際的困擾。眼睛空洞，五官簡化，沒畫耳朵，表示缺乏同理心，社會成熟度不高，聽不進別人的建議。

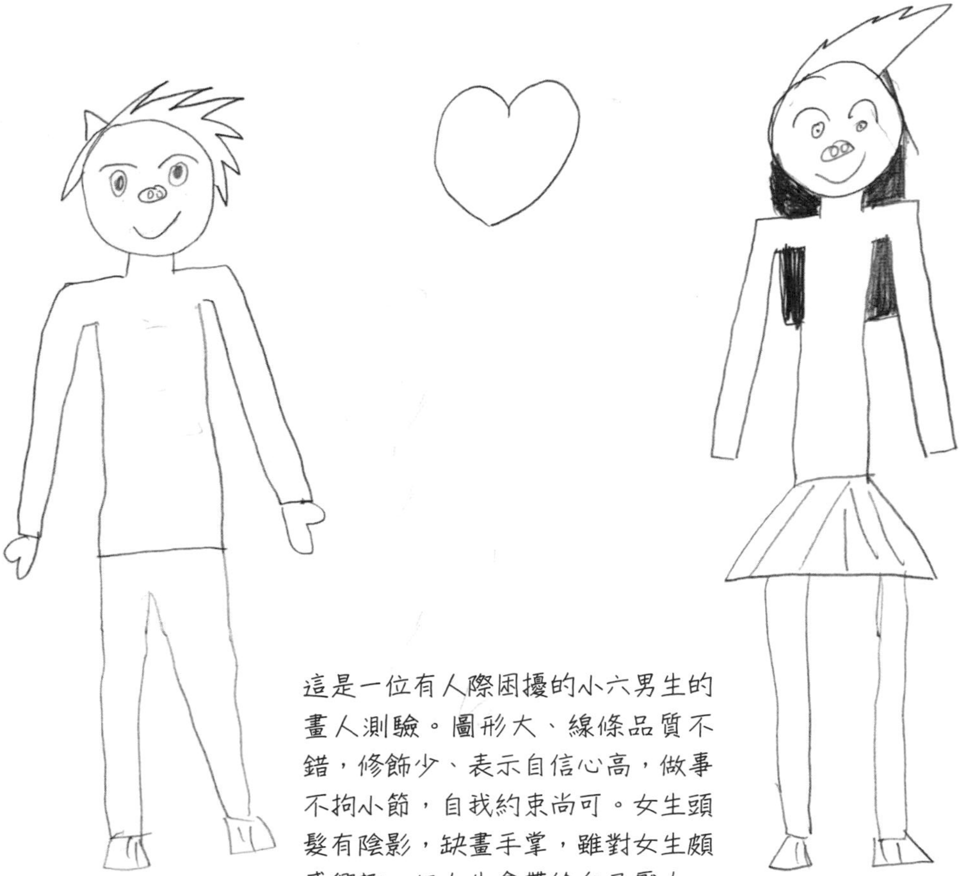

這是一位有人際困擾的小六男生的畫人測驗。圖形大、線條品質不錯，修飾少、表示自信心高，做事不拘小節，自我約束尚可。女生頭髮有陰影，缺畫手掌，雖對女生頗感興趣，但女生會帶給自己壓力。

這是一位有人際困擾的小二男生的畫人測驗。筆觸極重，頭髮有陰影，個性固執、壓抑，大眼睛，觀察敏銳度高，有來自人際的困擾。男女外型有區分，已發展兩性角色。男女兩人有距離，表示與異性相處仍有顧忌。

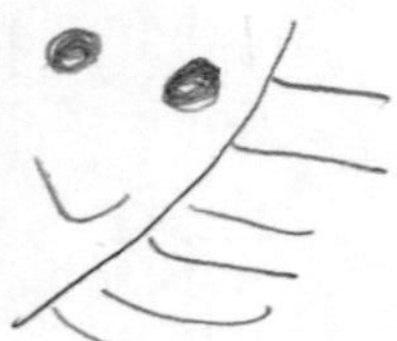

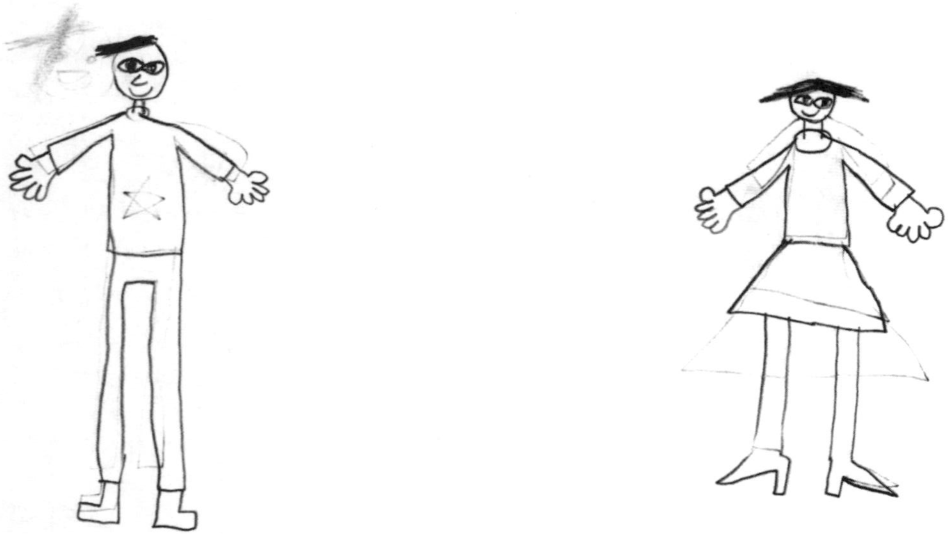

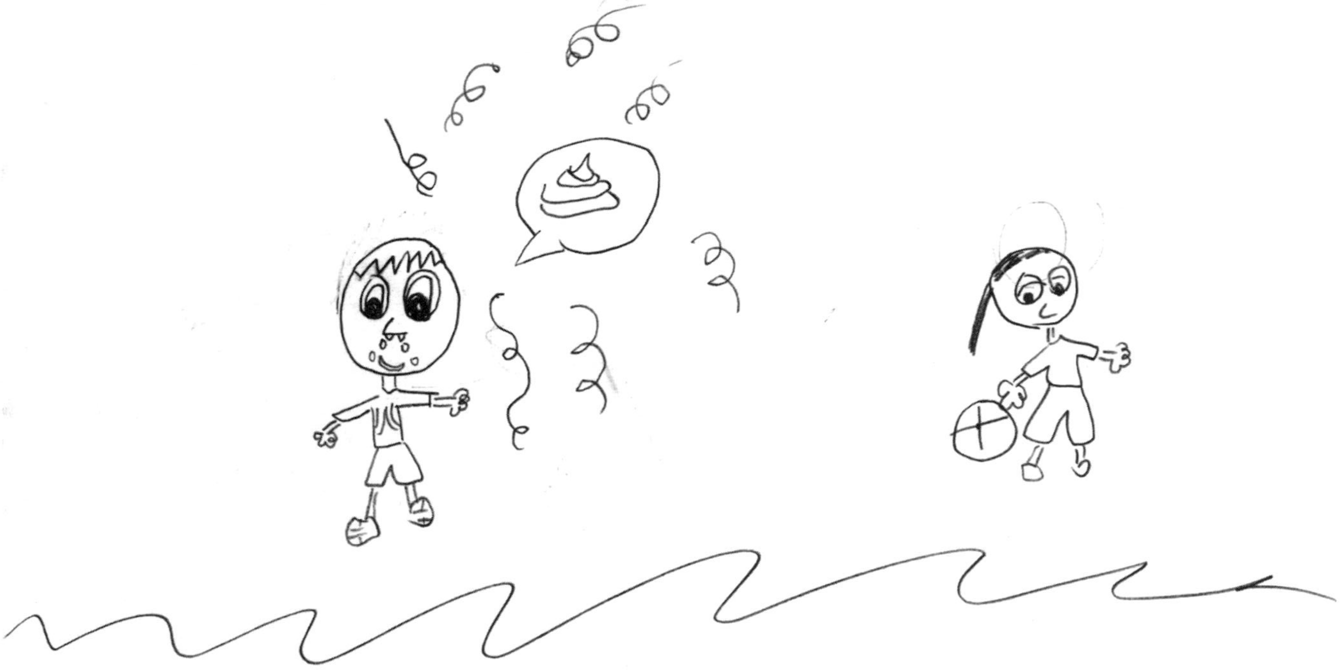

這是一位有人際困擾的小一男生的畫人測驗。人形偏小、背景豐富、筆觸重、大眼睛，缺乏自信，想像力豐富，比較幽默調皮，不喜束縛，是一個配合度高、貼心的男生。男女兩人有距離，男女外型不明顯，女生畫得比較小，尚未發展兩性角色，仍處於同性群友階段，對女生有貶抑的傾向。

這是一位有人際困擾的小三男生的畫人測驗。人形極大，兩眼斜視，古代的服飾表現，表示他喜歡表現，不擅處理人際關係，內心不快樂，現實感不高。頭部比例大，重視人際關係。缺畫手掌，找不到自己的定位。兩腳萎縮，行動力差。

四 兩性發展早熟兒童的畫人範例

性別角色早熟的兒童，主要症狀為很早就出現對異性有較同儕高的興趣及需求，他們通常會畫出較為成熟的男女曲線或明顯的男女特徵，如裸體、肌肉或第二性徵。

這是一位性別角色早熟的小三男生的畫人測驗。筆觸極重、戴墨鏡、露牙齒，表示他個性固執、逃避現實，有口語攻擊。男女外型區隔明顯，男生裸體，畫大肌肉，兩性角色發展已成熟，對異性好奇、感興趣，甚至有性需求異常的傾向。

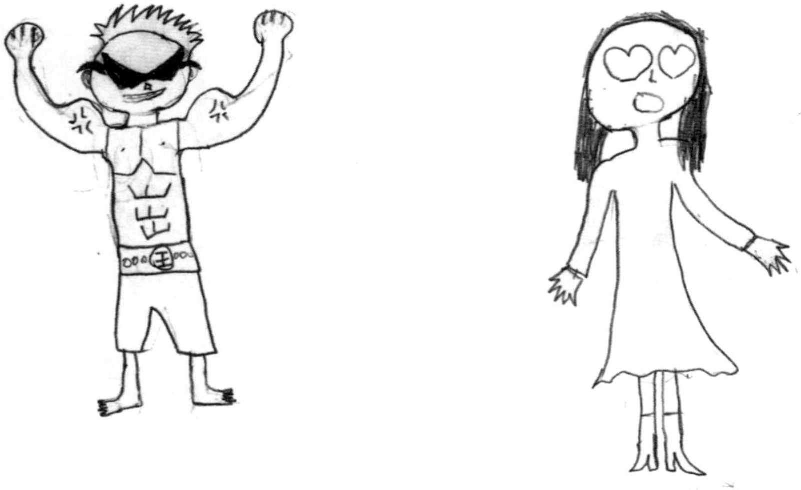

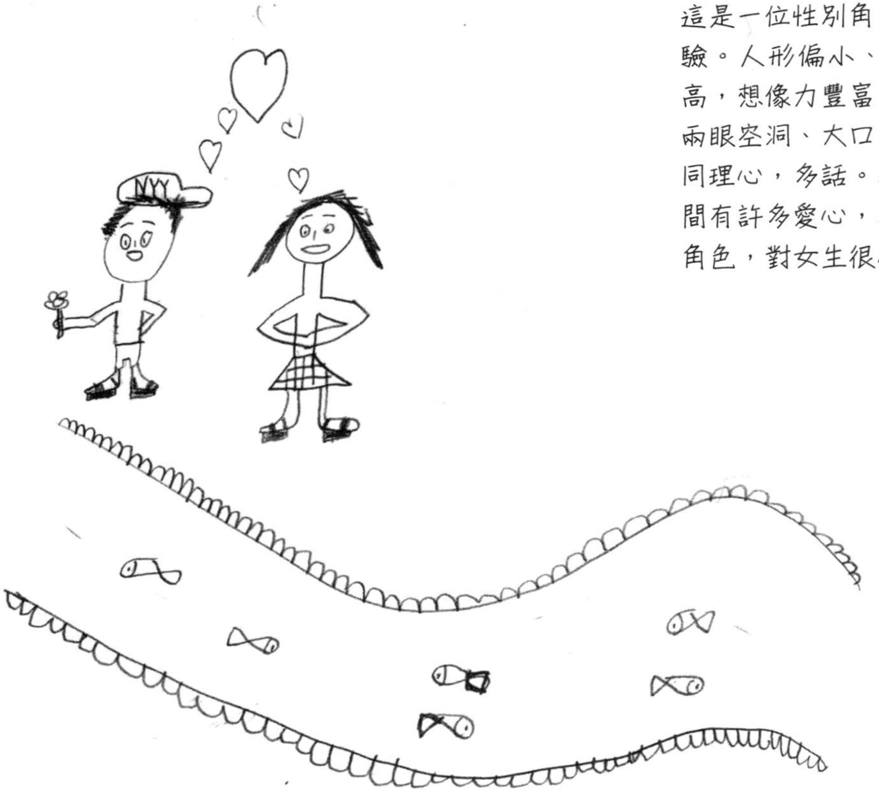

這是一位性別角色早熟的小五男生的畫人測驗。人形偏小、有畫背景，表示自信心不高，想像力豐富。頭髮有陰影、身體簡化、兩眼空洞、大口，對人際社交有壓力，缺乏同理心，多話。男女外型區隔明顯，兩人中間有許多愛心，男生手裡拿花，已發展兩性角色，對女生很感興趣，會對女生獻殷勤。

這是一位性別角色早熟的小六男生的畫人測驗。圖形偏大、人形簡化，表示社會成熟度差，缺乏自我概念。兩眼畫愛心，男女兩人以愛心連結，但男女外型相似，表示他雖對女生的概念不多，但很喜歡女生。女生頭髮有陰影，因此女生也會帶給他壓力。

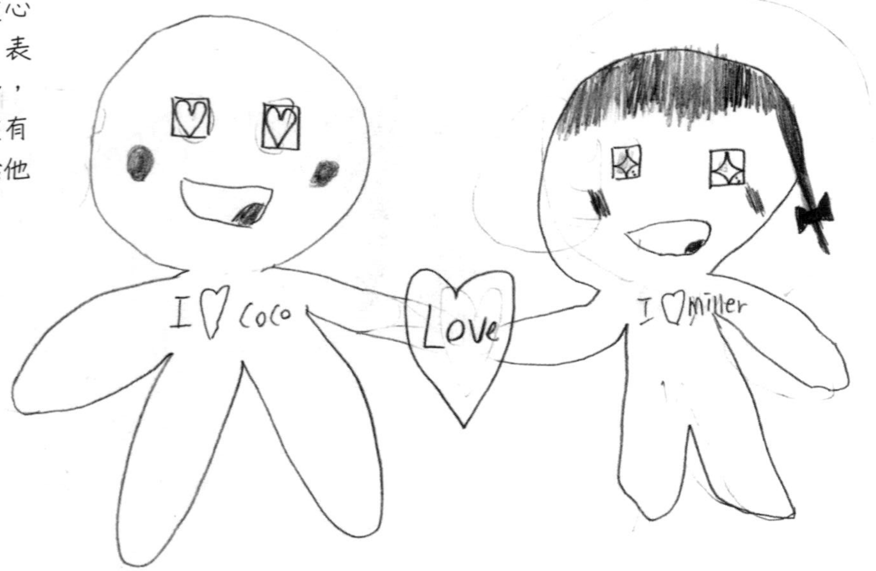

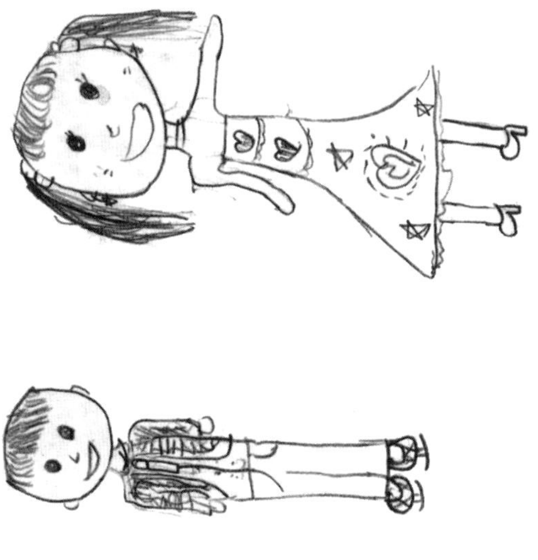

這是一位性別角色早熟的小三女生的畫人測驗。筆觸重、描繪細緻、修飾多、陰影多，個性固執、壓抑，現實感高，重視形象，社會成熟度高，有焦慮的傾向。頭髮有陰影，兩個黑眼睛，大嘴巴，對人的關係執著，開朗、多話，有來自人際的困擾。男女外型區隔明顯，女生畫得比男生大，服飾有許多愛心裝飾，性別角色已發展成熟，自我中心較強，很希望男生的關注。

這是一位性別角色早熟的小三女生的畫人測驗。筆觸重、修飾豐富，表示個性固執、壓抑，社會成熟度高，做事重視細節。頭髮有陰影、大眼睛、大嘴巴，是一個貼心、開朗、多話的女生，但有來自人際的困擾。男女外型區隔明顯，服飾有愛心裝飾，帶有許多陰影，性別角色已發展成熟，喜歡貼近男生，可能有情緒的困擾。

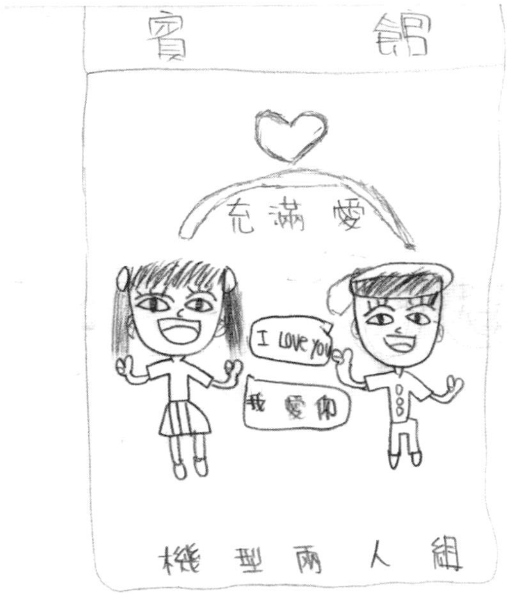

這是一位性別角色早熟的小五女生的畫人測驗。圖形偏小，有畫背景、外框，筆觸重，自信心不高，想像力豐富，社會成熟度高，畫地自限。頭部比例大、頭髮有陰影、大眼、大口、男女兩人快樂互動，表示重視人際關係，但有社交的壓力。觀察敏銳度高，個性開朗、多話，性別角色已發展成熟，對男生有高度的興趣。

五 憂鬱兒童的畫人範例

憂鬱的兒童，主要症狀為較多負向思考、缺乏自信、多慮、焦慮。他們通常會重複描繪身體的輪廓，嘴角不帶笑容、五官也較不明顯，缺畫手掌或四肢。

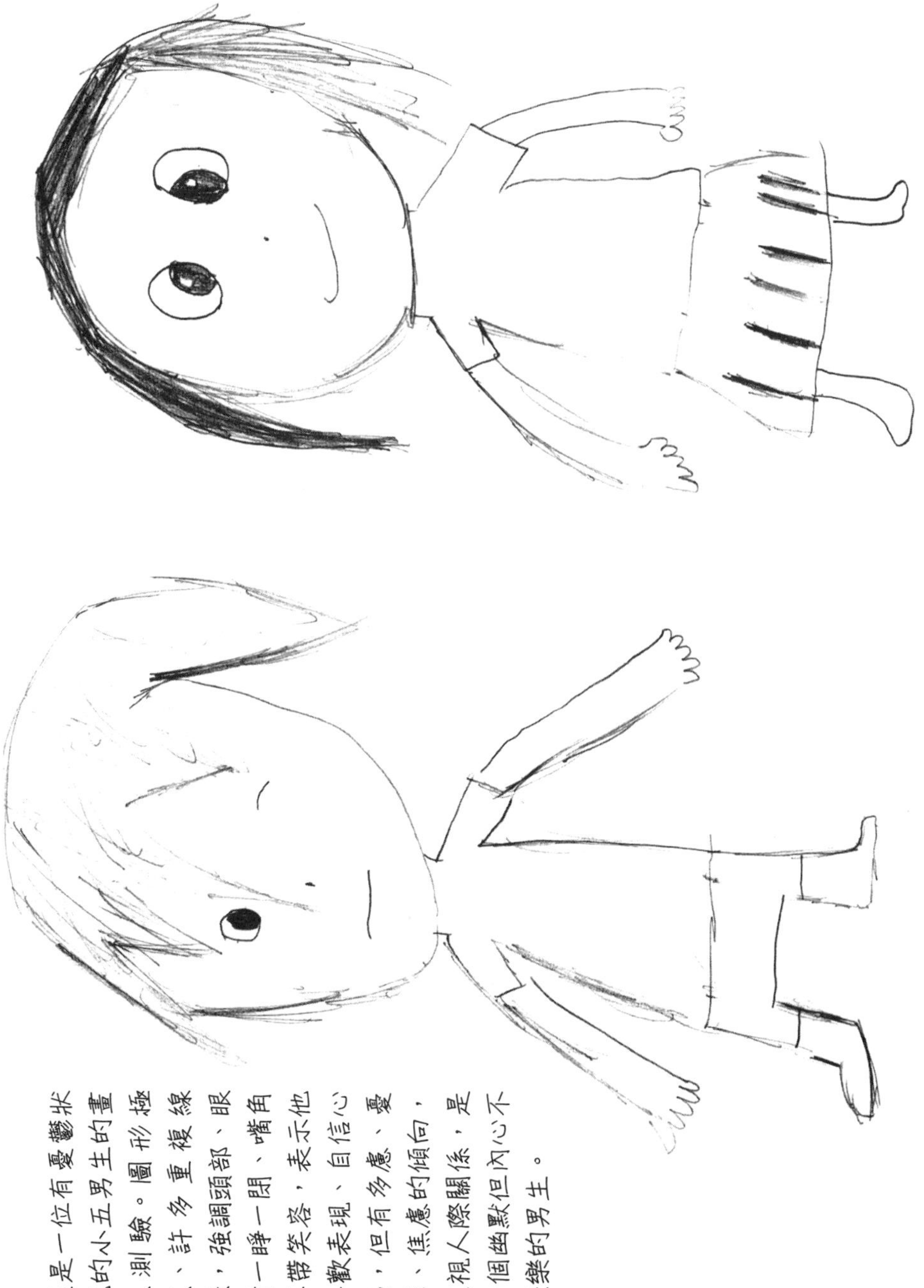

這是一位有憂鬱狀況的小五男生的畫人測驗。圖形極大，許多重複線條，強調頭部、眼睛一睜一閉，嘴角不帶笑容，表示他喜歡表現、自信心高，但有多慮、憂鬱、焦慮的傾向，重視人際關係，是一個幽默但內心不快樂的男生。

這是一位有憂鬱狀況的小四男生的畫人測驗。圖形偏小、線條品質不佳，四肢簡化，表示缺乏自信、自我約束不佳、自我功能差。頭髮有陰影、五官簡化、沒有笑容、沒畫耳朵，有來自人際的困擾，不會表達自己的情緒，社會成熟度不高，內心不快樂，不容易接受別人的意見，有適應不良的問題。女生畫得較大，但五官怪異，表示尊重女性，但女生會給他不快樂的感受。

這是一位有憂鬱狀況的小四男生的畫人測驗。圖形偏大，描繪細緻，有重複線，頭髮有陰影，大嘴巴，大耳朵，自我概念高，社會成熟度高，多慮、缺乏安全感，在意別人對自己的評價，開朗、多話。男女外型有區隔，已發展兩性角色，尊重女性，但與異性相處有兩種個性。

這是一位有憂鬱狀況的小五女生的畫人測驗。圖形偏小、重複線多、有場景，表示缺乏自信，個性多慮、焦慮，有情緒的困擾。女生頭髮有陰影、男女缺畫五官、外型區隔明顯、女性服飾成熟，表示社會成熟度高，但不喜歡接觸人，有抗拒社交的傾向。兩性發展已成熟，對異性感興趣。

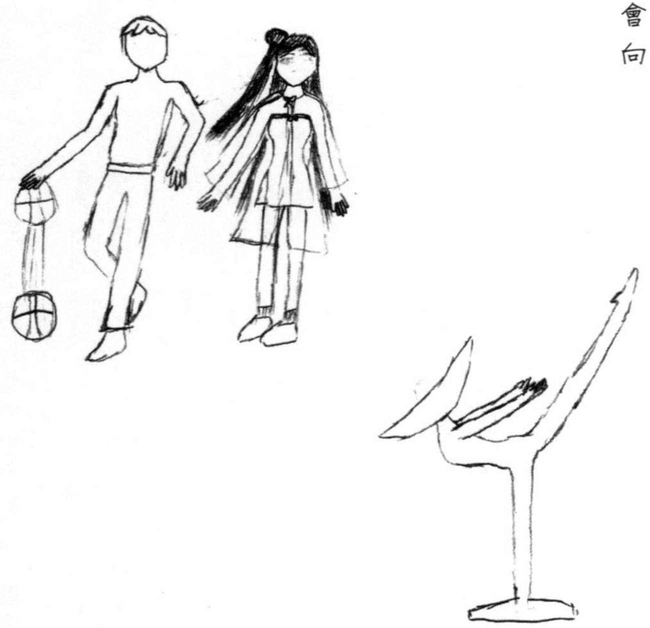

六　情緒障礙兒童的畫人範例

情緒障礙的兒童，主要症狀為現實感差、固執、叛逆、反社會行為、缺乏同理心。他們通常會描繪出怪異的人物、有場景、不快樂，或與死亡有關的象徵。

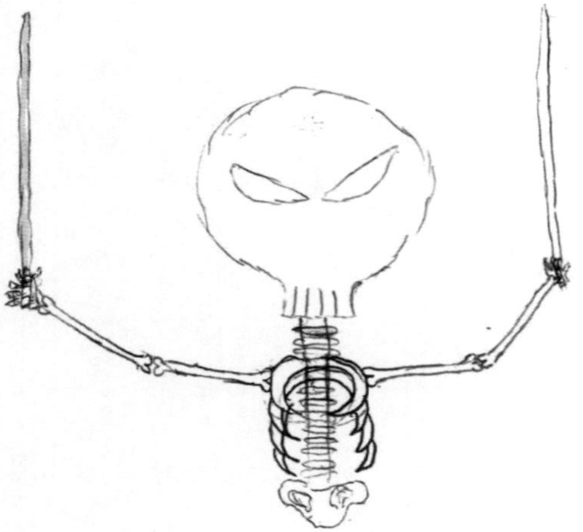

這是一位有情緒障礙的小五男生的畫人測驗。圖形怪異、呈現武器，有死亡的象徵。內心有被威脅的感覺，缺乏安全感，具暴力攻擊，人際關係不佳，社會成熟度不高，現實感差。對女生有敵意，有人際疏離的傾向。

這是一位有情緒障礙的小五男生的畫人測驗。圖形怪異，男女外型錯亂、頭髮尖銳、流眼淚、大耳朵、手腳數量多、紙張中間畫一條分隔線，表示想像力豐富，內心世界與他人不同，具攻擊性，在意別人對自己的評價，內心不快樂，現實感差，社會成熟度不足，與人應對怪異。

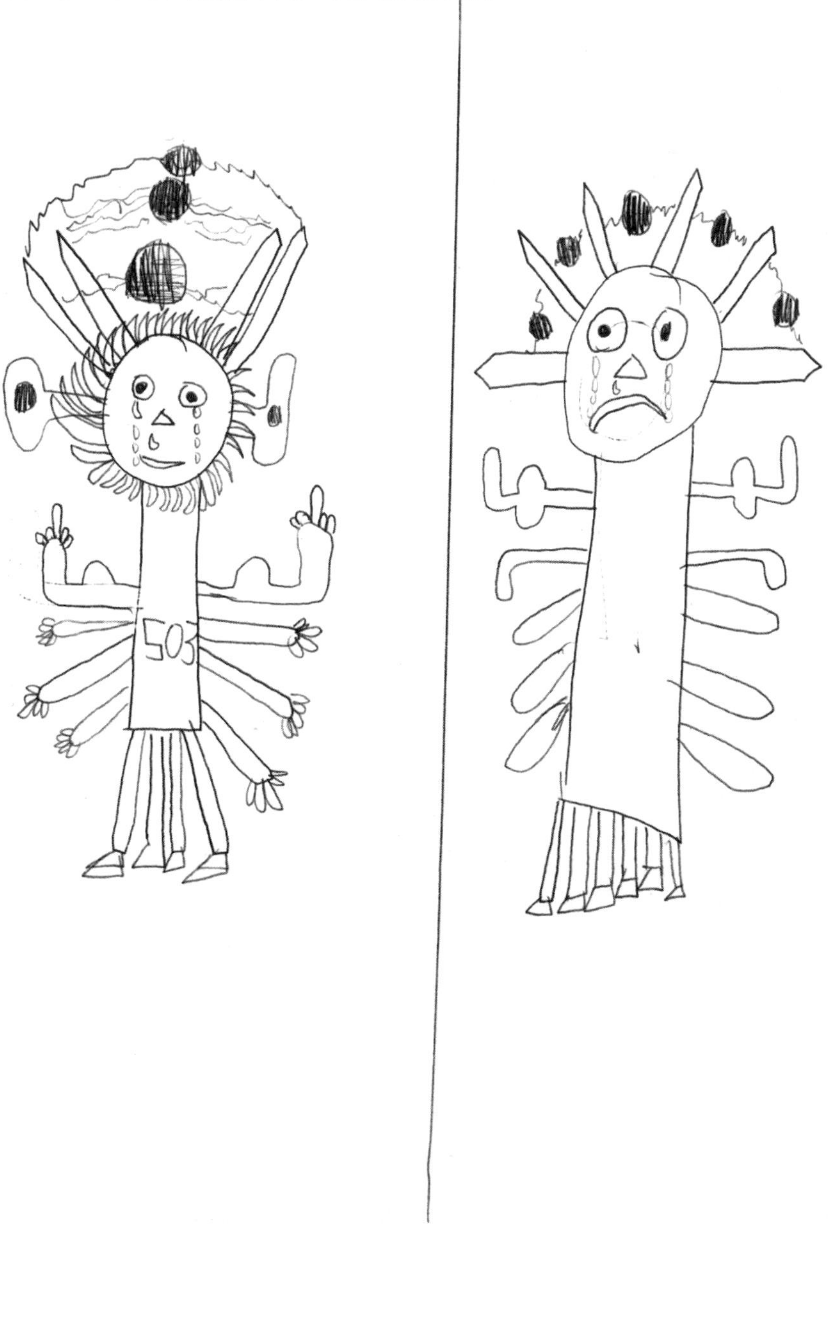

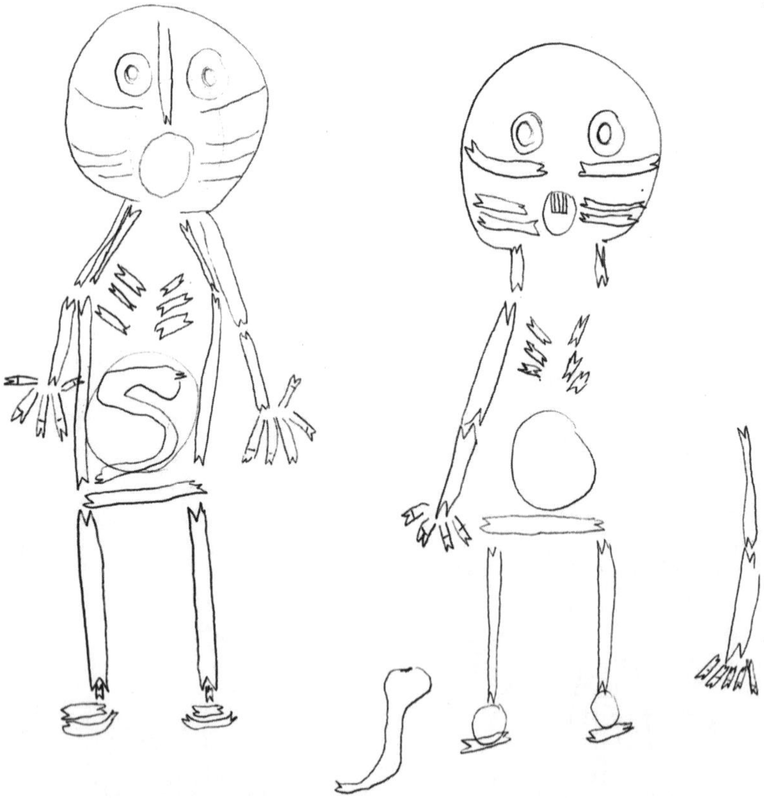

這是一位有情緒障礙的小五男生的畫人測驗。圖形偏大，人形怪異，身體、四肢四分五裂，喜歡表現，內心有奇怪的幻想。社會成熟度不高，現實感差，缺乏自我概念，有情緒障礙的問題。

這是一位有情緒障礙的小五男生的畫人測驗。圖形極大，兩人分別畫在正反兩面，身帶凶器、眼睛空洞、露牙齒，表示喜歡表現、有暴力傾向、內心有被威脅的感覺，有口語攻擊、人際關係差、對女性有敵意。

這是一位有情緒障礙的小一男生的畫人測驗。圖形怪異，身帶武器、五官成熟、手指尖銳。缺畫女性，有畫怪獸，社會成熟度高，但現實感差，缺乏安全感，有奇怪的幻想，對女生毫不感興趣，內心常有恐懼感、不快樂。

七 隨便畫兒童的畫人範例

隨便畫的兒童，可解釋為自我防衛高，對畫人抗拒或毫無興趣。他們通常自我約束較差，缺乏成就需求，情緒也較不穩定。隨便畫的兒童，其畫人測驗有簡化形體、完成時間短、隨便畫的特徵，因此不做解釋以免誤導。

這是一位敷衍繪畫的小二男生的畫人測驗。線條品質差，人形簡化，形似骨頭人，手掌像樹枝，明顯沒有配合畫人的動機。這類型的畫人，受試者有某種程度的自我防衛，或不願意呈現內心的自我，或專注在手邊其他的事情，通常不適合做解釋，但以整體來看，他是一個自我約束差，成就需求低，消極、無所謂，帶有攻擊性的男生。

這是一位敷衍繪畫的小一男生的畫人測驗。線條品質差，亂塗鴉的感覺，男生的人形明顯比女生大，有敷衍、隨便應付畫畫的傾向，不適合做詳細的解讀。但從整體可以看出他的智能不高、自我約束差、自我中心強，有貶抑女生的情況。

這是一位敷衍繪畫的小六男生的畫人測驗。重複畫了三次男女，幾乎都為骨頭人的形狀，有重複線，人形小，不適合做詳細的解讀、但以整體而言，可能有衝動、適應不良的傾向。

八 發展遲緩兒童的畫人範例

發展遲緩的兒童，主要症狀為學習有困難、口語表達有困難、成績差、缺乏社會成熟度。他們通常畫人較為簡化、線條品質不佳、修飾少、像幼兒園兒童畫出的人物複雜度。

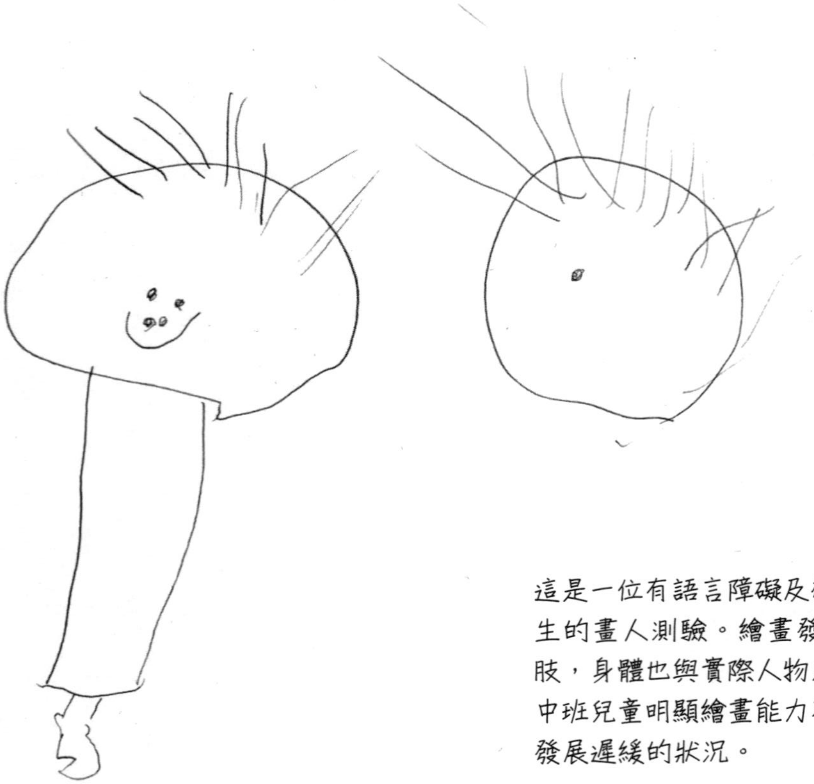

這是一位有語言障礙及發展遲緩狀況的中班男生的畫人測驗。繪畫發展尚未成熟，缺畫四肢，身體也與實際人物差距太大，比同年齡的中班兒童明顯繪畫能力不足，由此可判斷他有發展遲緩的狀況。

這是一位有語言障礙及發展遲緩狀況的中班男生的畫人測驗。無法畫出身體及四肢的形象，缺嘴巴，智能發展遲緩。

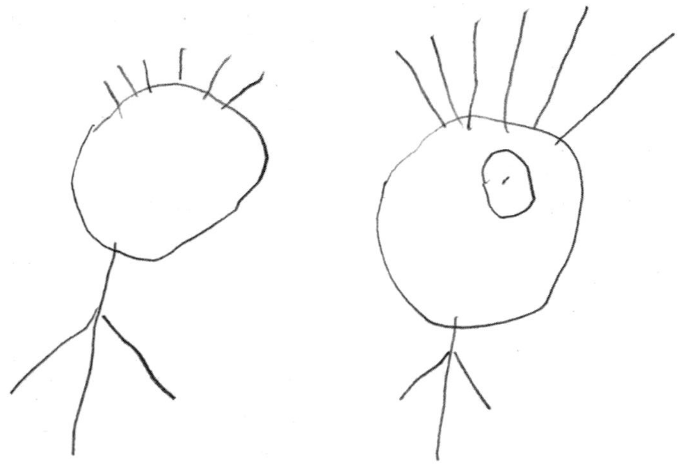

這是一位有語言障礙的小一男生的畫人測驗。繪畫品質差，男生沒有五官、女生尚可畫出形體，表示他語言能力不佳，不善處理人際關係，自我功能尚未發展出來。但握筆能力已經可以穩定繪畫，智能發展尚屬正常。

這是一位有發展遲緩狀況的大班男生的畫人測驗。人形偏小，線條簡化，表示他缺乏自信，社會成熟度不足，智能較差。男女兩人接近，大黑眼睛，對人的關係執著，親和力佳。

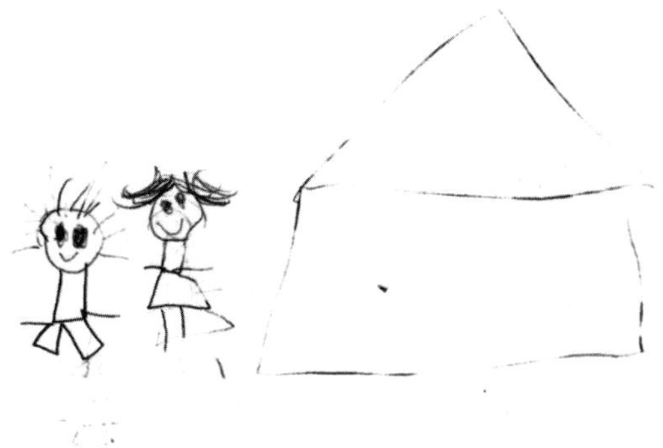

這是一位有語言障礙及發展遲緩狀況的大班女生的畫人測驗。只畫頭，畫不出身體及四肢，繪畫發展尚未成熟，無法呈現完整人形，智能發展較為遲緩，社會成熟度不足，人際互動尚未發展出來。

九 自閉症兒童的畫人範例

自閉症的兒童，主要症狀為不擅長人際互動、抗拒與人眼神接觸及身體接觸、缺乏同理心。他們通常畫人頭部簡化、漏畫五官、修飾少、比例佳。

這是一位自閉症的小五男生的畫人測驗。人形偏大，線條品質差，頭部、四肢塗黑，男女兩人相似，表示自我約束差，社會成熟度差，抗拒人際關係，否定人類，性別尚未分化。

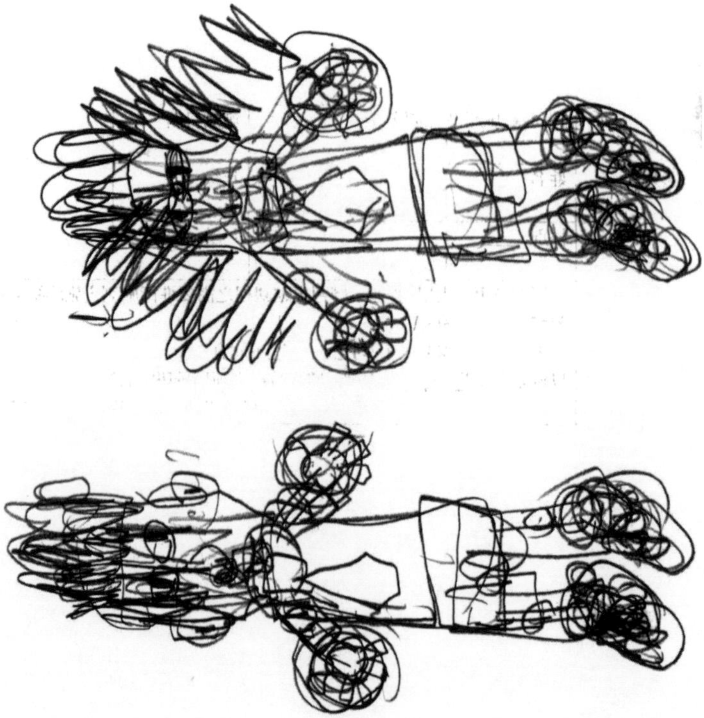

這是一位自閉症的小五男生的畫人測驗。線條品質佳、頭髮塗黑、眼睛空洞，表示遵守社會規範，不擅處理人際互動，缺乏同理心，喜歡女生。

這是一位自閉症的小五男生的畫人測驗。人形大、身體簡化、眼睛空洞、亂塗鴉，表示社會成熟度低、智能發展遲緩、缺乏同理心、人際處理能力差、不喜束縛。

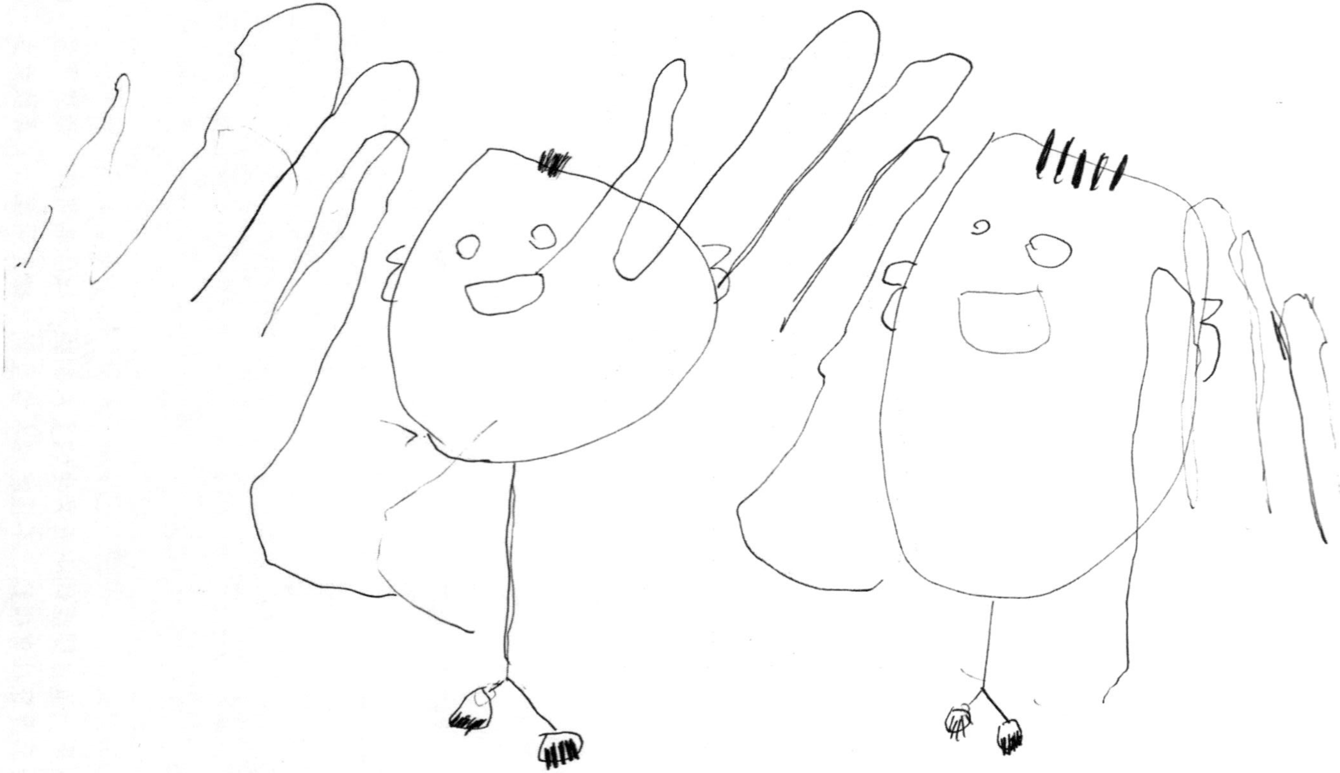

這是一位自閉症的小四男生的畫人測驗。線條整齊，頭髮有陰影，眼睛空洞，身體、四肢簡化，表示遵守社會規範，配合度高，不擅處理人際關係，智能不佳。

這是一位自閉症的小六男生的畫人測驗。人形偏小、眼睛空洞，五手指尖銳，身體、四肢簡化，缺乏自信，社會成熟度差、缺乏同理心，人際關係不佳，有攻擊性，智能不佳。

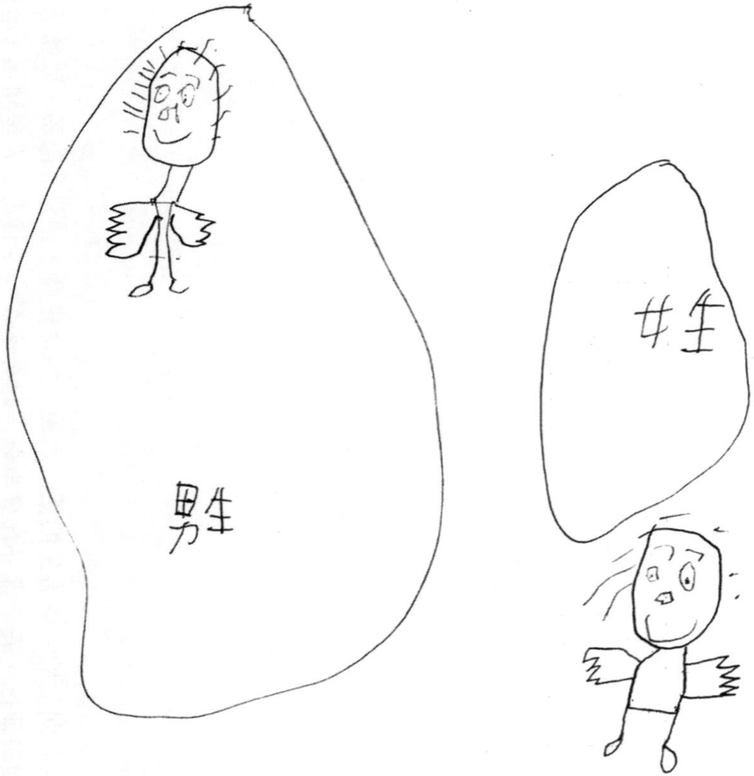

這是一位自閉症的小一男生的畫人測驗。線條品質不佳、人形簡化、頭髮塗黑，表示智能發展遲緩、社會成熟度差、缺乏人際處理能力。

這是一位自閉症的小四女生的畫人測驗。人形偏大、有背景、線條品質尚可，大眼睛、大口、社會成熟度不錯，對人的關係執著、有藝術天分、不喜束縛，有自信、愛表現、多話，已發展男女角色，自我功能不佳。

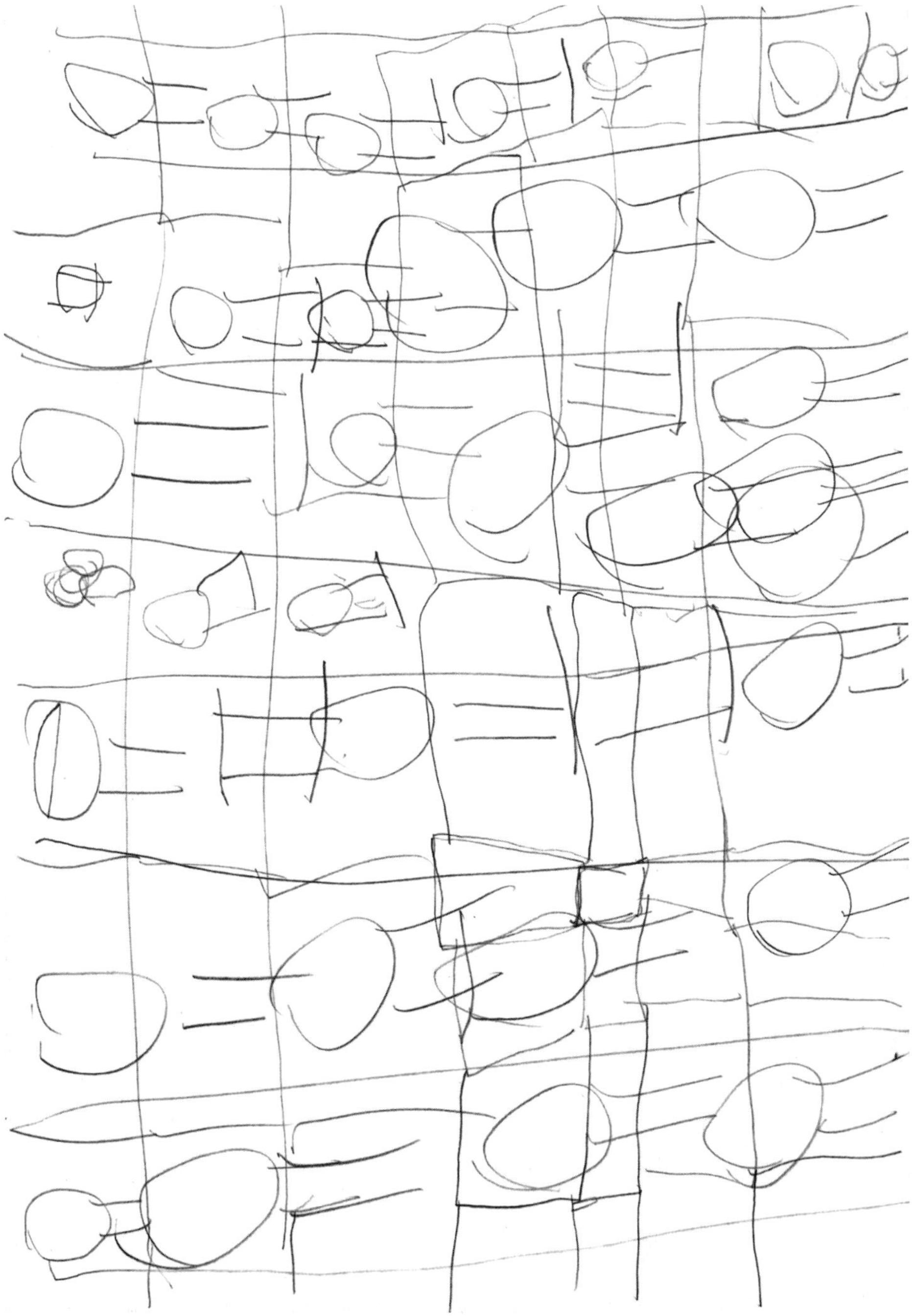

這是一位自閉症的小四男生的畫人測驗。重複畫許多人形架構，內心世界與一般人不同，有衝動傾向，社會成熟度差，現實感差，智能不佳，可能有情緒的問題。

這是一位自閉症的小一男生的畫人測驗。重複畫許多像動物的圖形和許多方框，內心世界與一般人不同，常有被限制住的感覺，不喜歡人際的複雜面。

參考文獻
References

中文部分

朱錦鳳（2008）。「畫人測驗」在情緒評估的應用。2008 年中國測驗學會研討會。台北。

朱錦鳳（2009）。「畫人測驗」在人格投射的應用。2009 年第 48 屆台灣心理學研討會。台北。

朱錦鳳（2010a）。畫人測驗在生涯規劃及諮商輔導的應用。2010 年學習、教學、與評量國際研討會。台北。

朱錦鳳（2010b）。**畫人測驗的實作與解讀**。台北：心理。

英文部分

Ballard, P. B. (1912). What London children like to draw? *Journal of Experimental Pedagogy*, *1*, 185-197.

Bayley, N. (1957). *A new look at the curve of intelligence*. In proceedings, 1956 Invitational Conference on Testing Problems, Educational Testing Service, Princeton, N. J., 11-23.

Burt, C. (1921). *Mental and scholastic tests*. London: P. S. King and Son.

Buhler, C., Smitter, F., & Richardson, S. (1952). *Childhood problems and the teacher*. New York: Holt.

England, A. O. (1943). A psychological study of children's drawings. *American*

Journal of Orthopsychiatrist, *13*, 525-531

Goodenough, F. L. (1926). *Measurement of intelligence by drawing*. Yonkers-on Hudson. New York, Chicago: World Book Company.

Harris, D. B. (1963). *Children's drawings as measures of intellectual maturity*. New York: Harcourt, Brace, and World.

Hurlock, E. B. (1943). The spontaneous drawings of adolescents. *Journal of Genetic Psychology*, *63*, 141-156.

Kellogg, R. (1959). *What children scribble and why*. N-P Publications.

Koppitz, E. M. (1968). *Psychological evaluation of children's human-figure drawings*. New York: Grune & Stratton.

Koppitz, E. (1984). *Psychological evaluation of human figure drawings by middle school pupils*. London: Grune & Stratton.

Lowenfeld, V. (1952). *Creative and mental growth* (3rd ed.). New York: Macmillan.

Lukens, H. (1896). A study of children's drawings in the early years. *Pedagogical Seminary*, *4*, 79-110.

Luquet, G. H. (1913). *Les dessins d'un enfant*. (*The drawings of a child.*) Paris: F. Alcan.

Machover, K. A. (1949). *Personality projection in the drawing of a human figure*. Springfield, IL: Charles C. Thomas.

Maitland, L. (1895). What children draw to please themselves. *Inland Educator*, *1*, 87.

McCarty, S. A. (1924). *Children's drawings*. Baltimore: Williams & Wilkins.

Naglieri, J. A. (1988). *Draw a person: A quatitative scoring system*. New York: Psychological Corporation.

Oster & Gould (1987). *Using drawings in assessment and therapy: A guide for mental health professionals*. New York: Brunner-Routledge.

Piaget, J. (1950). *The psychology of intelligence*. London: Routledge and Kegan Paul.

Piaget, J. (1953). *The origins of intelligence in the child*. London: Routledge and Kegan Paul.

Pikunas, J., & Carberry, H. (1961). Standardization of the graphoscopic scale: The content of children's drawings. *Journal of Clinical Psychology*, *17*, 297-301.

國家圖書館出版品預行編目（CIP）資料

兒童在畫人測驗的投射評量／朱錦鳳作.
-- 初版. -- 臺北市：心理, 2013.09
面；　　公分. --（心靈探索系列；12016）

ISBN 978-986-191-554-8（平裝）

1. 投射測驗

179.63　　　　　　102012508

心靈探索系列 12016

兒童在畫人測驗的投射評量

作　　者：朱錦鳳
執行編輯：高碧嶸
總 編 輯：林敬堯
發 行 人：洪有義
出 版 者：心理出版社股份有限公司
地　　址：231 新北市新店區光明街 288 號 7 樓
電　　話：(02) 29150566
傳　　真：(02) 29152928
郵撥帳號：19293172 心理出版社股份有限公司
網　　址：http://www.psy.com.tw
電子信箱：psychoco@ms15.hinet.net
駐美代表：Lisa Wu（lisawu99@optonline.net）
排 版 者：龍虎電腦排版股份有限公司
印 刷 者：竹陞印刷企業有限公司
初版一刷：2013 年 8 月
初版三刷：2019 年 11 月
I S B N：978-986-191-554-8
定　　價：新台幣 300 元